Word 2010

avancé

Guide de formation avec cas pratiques

Dans la collection *Les guides de formation Tsoft* ————————————————

P. Moreau. – **Word 2010 initiation.**
N°12879, 2011, 212 pages.

P. Moreau. – **Excel 2010 initiation.**
N°12852, 2010, 232 pages.

P. Moreau. – **Excel 2010 avancé.**
N°12853, 2010, 240 pages.

D.-J. David. – **Excel 2010 : programmation VBA.**
N°12793, 2010, 274 pages.

Y. Picot, P. Moreau. – **Access 2010 Utilisateur.**
N°12825, 2010, 352 pages.

S. Lange. – **Configuration et dépannage de PC.**
N°12247, 2009, 616 pages.

Autres ouvrages ————————————————————————————

N. Barbary. – **Excel 2010 expert.**
N°12761, à paraître au 1er trimestre 2011.

T. Capron. – **D'Excel à Access.**
N°12066, 2008, 350 pages.

I. Taylor, B. Jelen. – **Analyse marketing et reporting avec Excel.**
N°12251, 2008, 250 pages.

J. Rubin. – **Analyse financière et reporting avec Excel.**
N°11460, 2004, 278 pages.

S. Gautier, G. Bignebat, C. Hardy, M. Pinquier. – **OpenOffice.org 3.2 efficace.**
N°12755, 2010, 412 pages + CD-Rom.

Word 2010
avancé

Guide de formation avec cas pratiques

Philippe Moreau

EYROLLES

TSOFT
10, rue du Colysée
75008 Paris
www.tsoft.fr

ÉDITIONS EYROLLES
61, bld Saint-Germain
75240 Paris Cedex 05
www.editions-eyrolles.com

Avant-propos

Conçu par des pédagogues expérimentés, ce manuel vise à vous apprendre à utiliser efficacement les fonctions avancées du logiciel Microsoft Office Word 2010. Il fait suite à un manuel d'initiation chez le même éditeur.

Ce manuel s'adresse donc à des utilisateurs ayant déjà assimilé et mis en pratique les fonctions de base d'Office Word 2010.

FICHES PRATIQUES

La première partie, *Manuel utilisateur*, présente sous forme de fiches pratiques l'utilisation des fonctions avancées du logiciel et leur mode d'emploi. Ces fiches peuvent être utilisées soit dans une démarche d'apprentissage pas à pas, soit au fur et à mesure de vos besoins, lors de la réalisation de vos propres documents. Une fois ces fonctions maîtrisées, vous pourrez également continuer à vous y référer en tant qu'aide-mémoire. Si vous vous êtes déjà aguerri sur une version plus ancienne de Word ou sur un autre logiciel de traitement de texte, ces fiches vous aideront à vous approprier rapidement les fonctions avancées d'Office Word 2010.

CAS PRATIQUES

La seconde partie, *Cas pratiques*, consiste à réaliser des documents complets en se servant des commandes d'Office Word 2010. Cette partie vous propose douze cas pratiques, qui vous permettront de mettre en œuvre la plupart des fonctions étudiées dans la partie précédente, tout en vous préparant à concevoir vos propres documents de manière autonome. Ils ont été conçus pour vous faire progresser vers une bonne maîtrise des fonctionnalités avancées d'Office Word 2010.

Ces cas pratiques constituent un parcours de formation ; la réalisation du parcours complet permet d'apprendre seul en autoformation.

Un formateur pourra aussi utiliser cette partie pour animer une formation à l'utilisation avancée d'Office Word 2010. Mis à disposition des apprenants, ce parcours permet à chaque élève de progresser à son rythme et de poser ses questions au formateur sans ralentir la cadence des autres élèves.

Les données nécessaires à la réalisation de ces cas pratiques peuvent être téléchargées depuis le site Web *www.editions-eyrolles.com*. Il vous suffit pour cela de taper le code **G12880** dans le champ <RECHERCHE> de la page d'accueil du site, puis d'appuyer sur ⏎. Vous accéderez à la fiche de l'ouvrage sur laquelle se trouve un lien vers le fichier à télécharger. Une fois ce fichier téléchargé sur votre poste de travail, il vous suffit de le décompresser vers le dossier `C:\Exercices Word 2010` ou un autre dossier si vous préférez.

Les cas pratiques sont particulièrement adaptés en fin de parcours de formation à l'issue d'un stage ou d'un cours de formation en ligne sur Internet, par exemple.

Téléchargez les fichiers des cas pratiques depuis www.editions-eyrolles.com

Conventions typographiques

Pour faciliter la compréhension visuelle par le lecteur de l'utilisation pratique du logiciel, nous avons adopté les conventions typographiques suivantes :

Ruban :   les onglets, les groupes, les boutons et les zones qui sont sur le Ruban.

Nom :   les noms des boutons, des outils, des dialogues (*), des icônes...

Section :   noms des sections dans les menus ou dans les dialogues (*).

<Zone Dialogue>   zone (de saisie, liste, option, case à cocher..) à spécifier dans un dialogue (*).

Commande :   noms des commandes dans les menus contextuels et des dialogues (*).

Saisie :   noms de dossier, noms de fichier, texte à saisir.

[Bouton] :   boutons de commandes qui sont dans les dialogues (*).

■ Actions :   les actions à réaliser sont précédées d'une puce.

(*) Dans cet ouvrage, le terme « dialogue » désigne une « boîte de dialogue ».

Table des matières

PARTIE 1
MANUEL UTILISATEUR

OUTILS DE VÉRIFICATION ET CORRECTION

1

AFFICHER DANS PLUSIEURS FENÊTRES

BASCULER D'UNE FENÊTRE DOCUMENT À UNE AUTRE

Quand un document est affiché à l'écran et que vous en ouvrez un autre, le nouveau document s'affiche au premier plan et sa fenêtre occupe tout l'écran. L'autre document n'est plus visible, mais reste présent de façon masquée en arrière-plan.

Chaque fenêtre masquée reste accessible en cliquant sur le bouton qui la représente dans la barre des tâches Windows. Lorsque les fenêtres document sont trop nombreuses, les boutons document sont empilés. Il existe trois façons pour basculer d'une fenêtre document à une autre.

- Cliquez sur le bouton représentant le document dans la barre des tâches ; si les boutons sont empilés, une galerie de vignettes s'affiche, cliquez sur la vignette représentant le document.
- Sous l'onglet **Affichage**>groupe **Fenêtre**, cliquez sur le bouton **Changer de fenêtre**, puis cliquez sur le nom du document ouvert.
- Appuyez sur Ctrl + F6 pour passer successivement d'une fenêtre document à la suivante.

AFFICHER LES FENÊTRES EN MOSAÏQUE

- Sous l'onglet **Affichage**>groupe **Fenêtre**, cliquez sur le bouton **Réorganiser tout**.

Toutes les fenêtres document s'ouvrent et s'affichent en mosaïque horizontale à l'écran. On passe d'une fenêtre document à une autre en cliquant dans la fenêtre, on peut faire défiler le document dans chaque fenêtre de façon indépendante.

OUVRIR PLUSIEURS FENÊTRES SUR UN MÊME DOCUMENT

Pour voir simultanément différentes parties du document en faisant défiler le document de manière indépendante dans chaque fenêtre (mais il est plus simple d'utiliser le fractionnement).

- Ouvrez le document et fermez les autres documents ouverts puis, sous l'onglet **Affichage**>groupe **Fenêtre**, cliquez sur le bouton **Nouvelle fenêtre**. Puis, sous l'onglet **Affichage**>groupe **Fenêtre**, cliquez sur le bouton **Réorganiser tout**.

Les deux fenêtres sont affichées en mosaïque horizontale à l'écran.

AFFICHAGE DE DOCUMENTS EN CÔTE À CÔTE

Pour comparer visuellement deux versions d'un même document, ouvrez les deux documents.

- Sous l'onglet **Affichage**>groupe **Fenêtre**, cliquez sur le bouton **Afficher côte à côte**, puis sélectionnez le document à afficher à côté.

Vous pouvez établir un défilement synchrone ou non en cliquant sur le bouton **Défilement synchrone**.

Si vous avez modifié la taille des fenêtres ou leur position, cliquez sur le bouton **Rétablir la position de la fenêtre** pour rétablir l'affichage côte à côte.

Pour enlever l'affichage côte à côte : cliquez à nouveau sur le bouton **Afficher côte à côte**.

FRACTIONNER LA FENÊTRE DOCUMENT

Pour voir simultanément différentes parties du document :

- Sous l'onglet **Affichage**>groupe **Fenêtre**, cliquez sur le bouton **Fractionner**, puis cliquez dans la fenêtre à la position du fractionnement, la fenêtre est fractionnée en deux volets horizontaux, vous pouvez ensuite faire défiler le document séparément dans chacun des volets.

Pour enlever le fractionnement, cliquez sur le bouton **Annuler le fractionnement**.

VÉRIFIER L'ORTHOGRAPHE ET LA GRAMMAIRE

Word fournit un vérificateur pour simplifier et accélérer votre travail de correction orthographique et grammaticale. Vous pouvez régler les options pour que les erreurs soient automatiquement signalées dès la saisie ou seulement après une vérification du document effectuée à la demande.

VÉRIFICATION AUTOMATIQUE DÈS LA SAISIE

Le vérificateur est configuré par défaut pour vérifier les fautes dès la saisie.

Orthographe

Les mots suspects sont soulignés d'un trait ondulé rouge, par exemple `Je revien de vacances...`

- Cliquez droit sur le mot suspect, un menu contextuel s'affiche. Cliquez sur un des mots suggérés par Word ou sur :
  - Ignorer : pour ne plus signaler cette occurrence du mot.
  - Ignorer tout : pour ne plus signaler ce mot dans tout le document.
  - Ajouter au dictionnaire : pour ajouter ce mot au dictionnaire personnel de façon à ce que la vérification ne le signale plus.
  - Correction automatique : pour ajouter le mot suspect à la liste des mots à corriger automatiquement.
  - Langue : pour changer la langue pour ce mot.
  - Orthographe : pour afficher le dialogue du vérificateur (ci-dessous).

Grammaire

Les expressions suspectes sont soulignées d'un trait ondulé vert, par exemple les règle du jeu...

- Cliquez droit sur l'expression suspecte, un menu vous propose de choisir une expression de remplacement ou d'ignorer.
  Si vous voulez en savoir plus sur la règle de grammaire : cliquez sur la commande Grammaire... Word affiche un dialogue qui vous permet d'avoir une explication (ci-dessous).

VÉRIFIER À LA DEMANDE

Si vous avez décoché les options de vérification au cours de la frappe, la vérification se fait seulement lorsque vous le demandez :

- Tapez sur F7 ou sous l'onglet **Révision**>groupe **Vérification**, cliquez sur **Grammaire et orthographe**.

VÉRIFIER L'ORTHOGRAPHE ET LA GRAMMAIRE

La vérification s'effectue à partir de la position sur point d'insertion, à chaque faute d'orthographe ou de grammaire rencontrée Word affiche un dialogue qui propose :

− Pour l'orthographe, des suggestions de mots puis des actions [Modifier] ou [Remplacer tout] ou [Correction automatique], ou bien [Ignorer] ou [Ignorer tout] ou [Ajouter au dictionnaire].

− Pour la grammaire, des suggestions puis l'action [Remplacer], ou les actions [Ignorer], [Ignorer toujours], [Phrase suivante] ou bien l'action [Explication] pour en savoir plus sur la règle.

RÉGLER LES OPTIONS DE VÉRIFICATION

■ Cliquez sur l'onglet **Fichier** puis sur le bouton **Word** situé dans le panneau de gauche.
Cliquez sur la catégorie *Vérification,* cochez ou décochez les options :

VÉRIFIER L'ORTHOGRAPHE ET LA GRAMMAIRE

OPTIONS DE VÉRIFICATION POUR TOUS LES PROGRAMMES OFFICE

- <☑ Ignorer les mots en MAJUSCULES> : ne signale pas les mots tout en majuscules.
- <☑ Ignorer les mots qui contiennent des chiffres> : ne signale pas les mots avec des chiffres.
- <☑ Ignorer les chemins d'accès aux fichiers> : ne signale pas les mots qui représentent des adresses Internet ou des chemins d'accès aux fichiers, par exemple : http://www.aware.com/, \\awware\public\, mailto:andy@awware.com.
- <☑ Signaler les répétitions au moyen d'un indicateur> : signale les mots répétés se suivant.
- <☑ Majuscules accentuées en français> : signale les mots français contenant une majuscule non accentuée. Lorsque vous utilisez le français canadien, cette option est toujours activée par défaut car le dictionnaire de cette langue contient la forme accentuée des mots.
- <☑ Suggérer à partir du dictionnaire principal uniquement> : suggère uniquement des mots du dictionnaire principal, pas les mots de vos dictionnaires personnels.
- <Modes français> : cette zone de liste permet de choisir entre les variantes de la nouvelle orthographe française : l'orthographe rectifiée (règles d'orthographe recommandées par l'Académie française depuis la réforme d'orthographe de 1990) et l'orthographe traditionnelle (règle antérieures à la réforme de 1990).

OPTIONS DE VÉRIFICATION POUR WORD UNIQUEMENT

- <☑ Vérifier l'orthographe au cours de la frappe> : effectue la vérification orthographique dès la saisie et les mots suspects sont soulignés immédiatement.
- <☑ Vérifier la grammaire au cours de la frappe> : effectue la vérification grammaticale dès la saisie et les expressions suspectes sont soulignées immédiatement.
- <☑ Vérifier la grammaire et l'orthographe> : déclenche aussi la vérification grammaticale lorsque la vérification orthographique s'effectue.
- <☑ Afficher les statistiques de lisibilité> : affiche des statistiques de lisibilité au terme de la vérification grammaticale.
- <Règles de style> : cette zone permet de choisir entre « règles de grammaire » seulement ou « règles de grammaire et règles de style ». Le bouton [Paramètres] à droite de la zone <Règles de style> sert à activer ou désactiver les règles que vous voulez vérifier.

SOULIGNER OU NON LES MOTS OU EXPRESSIONS SUSPECTS

- Dans la zone <Exceptions pour> : choisissez le document en cours seulement ou tous les nouveaux documents que vous allez créer.
- <☐ Masquer les fautes d'orthographe> : si vous activez cette option, les mots suspects orthographiquement ne sont plus mis en évidence (par un soulignement ondulé rouge).
- <☐ Masquer les erreurs grammaticales> : si vous activez cette option, les expressions suspectes grammaticalement ne sont plus mises en évidence (par un soulignement ondulé vert).

LES DICTIONNAIRES PERSONNELS

Lorsque Word effectue la vérification, il compare les mots de votre document à ceux du dictionnaire principal ou du dictionnaire personnel par défaut associé à la langue de votre texte. Un dictionnaire personnel nommé `CUSTOM.DIC` existe à l'installation, mais vous pouvez créer d'autres dictionnaires personnels.

CRÉER UN DICTIONNAIRE PERSONNEL

- Cliquez sur l'onglet **Fichier** puis sur **Options**, sélectionnez la catégorie *Vérification*. Cliquez sur le bouton [Dictionnaires personnels], puis sur [Nouveau], saisissez un nom pour le nouveau dictionnaire, dans l'exemple `Informatique`, puis cliquez sur [OK].

- Dans la liste déroulante <Langue du dictionnaire> : choisissez une langue si ce dictionnaire est spécifique à une langue, sinon ce sera *Toutes les langues* puis validez en cliquant [OK].

LE DICTIONNAIRE PERSONNEL PAR DÉFAUT

Il y peut y avoir plusieurs dictionnaires pour chaque langue, ainsi que pour *Toutes les langues* ; un seul est utilisable à la fois (celui par défaut) pour chaque langue ainsi que pour *Toutes les langues*.

Word peut même faire des suggestions à partir du dictionnaire personnel par défaut à condition que l'option <□ Suggérer à partir du dictionnaire principal uniquement> ne soit pas cochée. Si vous ajoutez un mot au dictionnaire pendant la vérification, c'est au dictionnaire personnel qu'il s'ajoute.

- Pour choisir le dictionnaire par défaut d'une langue, dans le dialogue *Dictionnaires personnels*, cliquez sur le nom du dictionnaire sous la rubrique de cette langue puis cliquez sur le bouton [Modifier la valeur par défaut]. Le dictionnaire se place en tête de liste avec la mention *(Par défaut)*.

AJOUTER OU SUPPRIMER DES MOTS AU DICTIONNAIRE PERSONNEL

- Pour ajouter un mot au coup par coup au dictionnaire personnel par défaut lors de la vérification, cliquez sur la commande contextuelle Ajouter au dictionnaire du mot suspect.
- Pour gérer les mots d'un dictionnaire personnel, affichez les options de vérification de Word, cliquez sur le bouton [Dictionnaires personnels...], sélectionnez le dictionnaire à modifier. Cliquez sur le bouton [Modifier la liste de mots...], un dialogue s'affiche :
  - Ajouter des mots : saisissez le ou les mots dans la zone <Mot(s)>, cliquez sur [Ajouter]. Conseil : ajoutez les différentes formes d'un mot (singulier, pluriel, majuscule, minuscule...).
  - Supprimer un mot : sélectionnez le mot dans la zone <Dictionnaire> et cliquez sur [Supprimer].

Les dictionnaires personnels sont des fichiers texte. Vous pouvez ouvrir un dictionnaire personnel avec le *Bloc-notes* de Windows et le modifier, chaque mot du dictionnaire occupe une ligne. L'emplacement du fichier dictionnaire est visible dans le dialogue *Dictionnaires personnels* dans la zone <Chemin d'accès>, lorsque vous avez sélectionné le dictionnaire.

COUPURE DES MOTS EN FIN DE LIGNE

Si un mot est trop long pour tenir sur une ligne, Word le déplace au début de la ligne suivante, sauf tiret (conditionnel ou non) dans le mot. Pour éviter d'avoir à insérer des tirets, vous pouvez utiliser la coupure automatique, c'est alors Word qui effectue les coupures automatiquement.

TIRET CONDITIONNEL

Un tiret conditionnel permet de contrôler dans un mot l'endroit où une coupure peut être effectuée en fin de ligne. Par exemple, vous voulez imposer que le mot `automatique` puisse être coupé comme `auto-matique` mais jamais comme `automati-que`.

- Pour insérer un tiret conditionnel, cliquez dans le mot à la position voulue, puis tapez `Ctrl` + `-`.

Les tirets conditionnels dans les mots ne sont pas visibles sauf si le mot se trouve coupé en fin de ligne. Ils peuvent être rendus visibles à l'écran par l'affichage des caractères spéciaux. Notez qu'un mot contenant un tiret conditionnel sera considéré comme un mot suspect par la vérification.

TIRET INSÉCABLE

Lorsqu'un mot composé contient un tiret (inséré avec la touche `-`), la coupure en fin de ligne s'opère sur le tiret. Si vous voulez empêcher que ce mot puisse être coupé en fin de ligne, insérez un tiret insécable en tapant sur `Ctrl` + `⇧` + `-`.

UTILISER LA COUPURE DE MOTS AUTOMATIQUE

Lorsque vous activez la coupure de mots automatique, Word coupe automatiquement les mots selon ses règles syllabiques, mais n'insère pas de tirets conditionnels dans les mots. Le résultat n'est pas toujours le plus approprié.

- Onglet **Mise en page**>groupe **Mise en page**, cliquez sur **Coupure de mots**, puis sur Automatique.

Si aucun texte n'est sélectionné, la coupure automatique s'applique à tous les paragraphes du document. Sinon elle s'applique aux seuls paragraphes sélectionnés.

Pour désactiver la coupure automatique : onglet **Mise en page**>groupe **Mise en page**, cliquez sur le bouton **Coupure de mots**, puis sur Aucun.
Les mots ne sont plus coupés sauf s'ils contiennent un tiret conditionnel.

EFFECTUER LA COUPURE DES MOTS SEMI-AUTOMATIQUE

Il est préférable de contrôler la façon dont s'effectuent les coupures de mots : effectuez les coupures des mots assistées par Word, sur tout le document ou sur les paragraphes sélectionnés :

- Sous l'onglet **Mise en page**>groupe **Mise en page**, cliquez sur **Coupure de mots**, puis sur Manuel. Word trouve les mots ou expressions à couper, il affiche dans un dialogue les endroits de coupure possibles, cliquez sur le tiret que vous souhaitez puis cliquez sur [Oui].

Word insère alors un tiret conditionnel dans les mots que vous avez traités ; ces mots seront ensuite toujours coupés en fin de ligne à la position du tiret conditionnel.

RÈGLES DE COUPURE DE MOTS

La zone de coupure de mots est l'espace maximal entre un mot et la marge de droite sans que le mot soit coupé. Vous pouvez la rétrécir (éviter les irrégularités à droite) ou l'élargir (réduire le nombre de traits d'union).

- Onglet **Mise en page**>groupe **Mise en page**, cliquez sur le bouton **Coupure de mots**, puis sur Options de coupure de mots...

VÉRIFIER AVEC DES LANGUES ÉTRANGÈRES

La version française d'Office est livrée avec les dictionnaires français, anglais, allemand, espagnol, néerlandais et arabe. La langue de vérification choisie dans le texte détermine le dictionnaire principal utilisé et les règles de grammaire. La langue de vérification linguistique par défaut est celle qui est définie dans la configuration de Windows. Mais pour la vérification orthographique vous pouvez basculer vers une autre langue pour différentes portions du texte.

DOCUMENTS MULTILINGUES

Si votre document contient des morceaux de texte saisis dans une autre langue, vous pouvez indiquer au vérificateur une langue différente, mais vous pouvez aussi le laisser détecter automatiquement la langue (cette option est activée par défaut).

- Pour utiliser une langue différente sur une portion de texte, sélectionnez le texte puis, sous l'onglet **Révision**>groupe **Langue**, cliquez sur 📖 **Langue**, enfin cliquez sur Définir la langue de vérification... ou cliquez sur l'indicateur de langue dans la barre d'état s'il est actif.

Si vous êtes sûr que vous n'avez que du texte dans la langue principale, il est préférable de décocher l'option <□ Détecter automatiquement la langue>, option qui s'applique à tout le document.

Si un morceau de texte contient des sigles ou des mots de différentes langues, il vaut mieux éviter que le vérificateur ne s'arrête à chaque mot suspect, et donc cochez l'option <☑ Ne pas vérifier l'orthographe ou la grammaire> sur ce morceau du texte que vous aurez sélectionné.

- Sélectionnez la langue, validez par [OK].

Les langues placées au-dessus du double trait sont les langues actives pour le vérificateur ; dès que vous sélectionnez une langue pour un bout de texte, elle devient active pour le vérificateur. Les langues précédées de l'icône 📖 sont celles pour lesquelles un dictionnaire principal existe.

CHANGER LA LANGUE PRINCIPALE ET SUPPRIMER DES LANGUES ACTIVES

Si vous saisissez principalement vos documents dans une langue qui n'est pas le français, et que vous voulez changer la langue de vérification principale :

- Cliquez sur l'onglet **Révision**>groupe **Langue**, cliquez sur **Langue** puis sur Préférences linguistiques. La fenêtre des options de Word s'affiche, la catégorie *Langue* est sélectionnée. Dans le panneau de droite, sélectionnez la langue de vérification, puis cliquez sur [Définir par défaut].

Attention : en faisant ce changement de langue d'édition principale, le fichier modèle `Normal.dotm` est écrasé par un nouveau fichier réinitialisé. Si vous voulez conserver les modifications apportées à ce fichier, vous devez en enregistrer une copie avant de modifier la langue principale d'édition.

Vous pouvez supprimer les langues qui ont été activées précédemment, que vous n'utilisez jamais.

TRADUCTION

Word peut vous aider à traduire des mots ou des expressions d'une langue dans une autre. Vous pouvez aussi faire appel à un service de traduction automatique sur Internet, mais les traductions obtenues sont approximatives et doivent être remaniées.

CHOISIR LES LANGUES DE TRADUCTION

- Sous l'onglet **Révision**, groupe **Langue**, cliquez sur **Traduire** puis sur Choisir une langue de traduction, sélectionnez la langue pour le mini-traducteur ❶ et pour les traductions de document entier ❷.

UTILISER LE MINI-TRADUCTEUR

Le mini-traducteur affiche la traduction dans une mini-fenêtre, lorsque vous amenez le pointeur sur le mot ou la sélection de mots. Pour l'activer ou le désactiver, cliquez sur **Traduire** puis sur Mini-traducteur.

TRADUIRE DES MOTS DANS LE VOLET RECHERCHER

- Pour ouvrir le volet Rechercher : sous l'onglet **Révision**>groupe **Vérification**, cliquez sur le bouton **Recherche**. Le volet Rechercher s'ouvre sur la droite de la fenêtre.

- Dans la zone ❶ : le mot actuel est inscrit. Dans la zone ❷ : vérifiez que Traduction est sélectionnée sinon sélectionnez ce service. Sous **Traduction** ❸ : vérifiez que les choix de langue dans les zones <De> et <Vers> sont ceux des langues voulues.

- Pour traduire un mot, appuyez sur [Alt] et cliquez sur le mot. Le mot s'affiche sous le nom **Dictionnaire Bilingue**. Pour traduire une phrase courte, sélectionnez les mots, appuyez sur [Alt] et cliquez sur la sélection. La traduction s'affiche sous le nom **WorldLingo** (service de traduction assisté par ordinateur via Internet).

  Vous pouvez aussi cliquer droit sur un mot ou une sélection, puis sur Traduire... ou utiliser le raccourci clavier [Alt]+[⇧]+[F7].

Microsoft Office, 2003 à 2010, utilise WorldLingo comme traducteur machine par défaut dans le volet Rechercher. Vous pouvez installer le service de traduction automatique Microsoft Translator, en le téléchargeant depuis le site www.microsoft.com. En cliquant sur Options de traduction ❺, vous pouvez choisir le fournisseur de service de traduction WordLingo ou Microsoft Translator.

TRADUIRE TOUT LE DOCUMENT

- Cliquez sur la case fléchée ❹ verte à côté de Traduire tout le document, le contenu du document est envoyé à un fournisseur de service de traduction en ligne.

Une instance de navigateur s'ouvre avec le texte traduit dans la langue sélectionnée.

RECHERCHER DES SYNONYMES

Vous pouvez obtenir un style plus varié et précis en utilisant le dictionnaire des synonymes pour chercher rapidement un synonyme pour un mot.

UTILISER LE MENU CONTEXTUEL

- Cliquez droit sur le mot, puis cliquez sur la commande contextuelle Synonymes, une liste de synonymes s'affiche.
- Cliquez sur le synonyme de votre choix, il remplacera le mot.

Si les suggestions de la liste ne vous suffisent pas, cliquez sur la commande Dictionnaire des synonymes... qui ouvre le dictionnaire des synonymes dans le volet Rechercher, afin de vous permettre de poursuivre votre recherche de synonymes.

UTILISER LE VOLET RECHERCHER

Pour ouvrir directement le dictionnaire des synonymes dans le volet Rechercher :

- Cliquez sur un mot, puis appuyez sur ⇧+F7 (raccourci clavier) ou sous l'onglet **Révision**>groupe **Vérification**, cliquez sur le bouton 🖾 **Dictionnaire des synonymes**...

Le volet Rechercher s'ouvre à droite de la fenêtre Word :
Dans la zone ❶ : le mot actuel est inscrit. Dans la zone ❷ : le dictionnaire des synonymes est sélectionné. Sous **Dictionnaire des synonymes ❸** : s'affiche la liste des synonymes (en gras) du mot ainsi que les synonymes de ces synonymes (synonymes indirects) qui sont listés en deuxième niveau.

- Pour obtenir rapidement le synonyme d'un mot, appuyez sur Alt en cliquant sur le mot. Les synonymes directs et indirects s'affichent sous **Dictionnaire des synonymes**.
- Amenez le pointeur sur le synonyme qui convient, cliquez sur sa flèche déroulante, puis choisissez l'une des commandes :
- Insérer : insère le mot à la place de celui qui est sélectionné.
- Copier : copie le mot dans le Presse-papiers.
- Rechercher : recherche un synonyme du synonyme.

Après avoir recherché plusieurs synonymes, les boutons 🔄 Précédent ▾ 🔄 ▾ servent à revenir au synonyme précédent ❹ ou au synonyme ❺ suivant déjà consulté. En cliquant sur la flèche de ces boutons, vous accédez à la liste des synonymes précédents ou suivants déjà recherchés.

- Pour fermer la liste des synonymes d'un synonyme : cliquez sur la case ⊟ devant le synonyme.
- Pour développer la liste des synonymes d'un synonyme : cliquez sur la case ⊞ devant le synonyme.

Les services de recherche permettent de consulter des ressources d'information en plus des dictionnaires d'orthographe, de synonymes, de langue : des encyclopédies comme Encarta, des recherches de sites web, des sites juridiques et d'information d'entreprises...

AFFICHER LE VOLET DE RECHERCHE

- Pour ouvrir ou fermer le volet *Rechercher* : onglet **Révision**>groupe **Vérification**, cliquez sur le bouton **Recherche**. Dans la zone ❶, sélectionnez le service de recherche à consulter (*Bing*, *Factiva Works*, ou le dictionnaire *Encarta* par exemple).

TROUVER DES DÉFINITIONS DE MOTS DANS ENCARTA

- Cliquez droit sur un mot, cliquez sur Rechercher...
  Le volet *Rechercher* s'ouvre sur le dernier type de recherche effectuée (synonyme, traduction...) : dans la zone ❶ : sélectionnez *Dictionnaire Encarta : français*, les définitions du mot sont recherchées dans l'encyclopédie en ligne et affichées dans le volet inférieur ❷.

- Si le service de recherche Encarta est déjà spécifié dans la zone ❷, il suffit d'appuyer sur Alt en cliquant sur un mot, pour afficher les informations du dictionnaire Encarta relatives à ce mot.

CHERCHER DES SITES WEB

Pour chercher des sites en France contenant un mot, dans la zone ❶ sélectionnez le site de service de recherche *Bing (France)*, si *Bing (France)* n'apparaît pas dans la liste activez-le (voir ci-après). Puis, appuyez sur Alt en cliquant sur le mot.

ACTIVER LES SERVICES À CONSULTER

- Cliquez sur Options de recherche...❸ au bas du volet *Rechercher* et cochez les services que vous voulez pouvoir utiliser.

Le service *Live Search* permet de faire des recherches de sites sur le Web.

Le service *MSN Money* permet de consulter le marché boursier, en recherchant sur le code de la société, par exemple pour EDF (EDF), pour Lafarge (LG), pour IBM (US:IBM)... Vous pourrez trouver les codes des sociétés sur Internet.

- [Contrôle parental...] : ce bouton permet de n'autoriser l'accès qu'aux services qui peuvent filtrer le contenu pour bloquer les résultats inconvenants et d'activer ce filtre.
- [Ajouter des services...] : ce bouton permet d'ajouter des services qui seront disponibles dans le futur, que des prestataires pourront proposer.

CORRECTIONS AUTOMATIQUES

Lorsque l'option Correction en cours de frappe est active, Word corrige les fautes de frappe courantes et remplace certaines suites de caractères par des symboles. Vous pouvez enrichir la liste des corrections automatiques et créer vos propres abréviations pour accélérer la saisie.

OUVRIR LE DIALOGUE CORRECTION AUTOMATIQUE

- Cliquez sur l'onglet **Fichier** puis sur **Word**, cliquez sur la catégorie *Vérification*, puis sur le bouton [Options de correction automatique...].

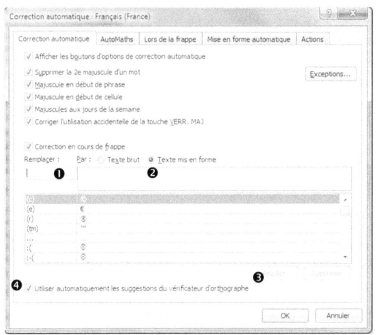

Ajouter ou modifier des entrées de correction en cours de frappe

- Pour ajouter une entrée : saisissez le mot à remplacer dans la zone ❶ <Remplacer> : saisissez le mot de remplacement dans la zone ❷ <Par :>, puis cliquez sur ❸ [Ajouter].
  Si vous souhaitez un remplacement avec mise en forme, saisissez et mettez en forme le mot de remplacement, sélectionnez-le puis ouvrez le dialogue *Correction automatique*. La zone ❷ <Par :> contient le mot de remplacement mis en forme, l'option <⊙ Texte mis en forme> est activée. Dans la zone ❶ <Remplacer> tapez le mot à remplacer, cliquez sur [Ajouter].

- Pour supprimer une entrée : sélectionnez l'entrée dans la liste, cliquez sur [Supprimer].
- Pour modifier une entrée : sélectionnez l'entrée dans la liste, elle s'affiche dans les zones <Remplacer :> et <Par :>, modifiez le contenu de ces zones, cliquez sur [Remplacer].

Ajouter une suggestion du correcteur d'orthographe

Si l'option ❹ est cochée, vous pouvez ajouter une correction automatique en corrigeant un mot à l'aide d'une suggestion du vérificateur.

- Cliquez droit sur le mot à corriger, cliquez sur la commande contextuelle Correction automatique... puis cliquez sur une suggestion proposée par le vérificateur.

La correction est effectuée dans le texte et la correction automatique est créée en même temps.

CORRECTIONS AUTOMATIQUES

CORRECTIONS EN COURS DE FRAPPE

Substitution automatique

L'option < ☑ Correction en cours de frappe> est activée par défaut (vous pouvez la désactiver si elle vous gêne, au moins temporairement).

- Tapez le mot erroné suivi d'un espace, par exemple `abcisse` . Si ce mot est dans la liste des corrections automatiques, il est automatiquement remplacé (dans l'exemple par `abscisse`).
- Si la substitution ne vous convient pas à cet endroit, le plus rapide est d'annuler en cliquant sur le bouton *Annuler* dans la barre d'outils *Accès rapide* ou en appuyant sur `Ctrl`+Z.
- Si vous amenez le pointeur sur le mot de substitution, un petit rectangle bleu s'inscrit sous la première lettre du mot, amenez le pointeur sur ce rectangle, une balise s'affiche, cliquez sur la balise : vous pouvez accéder au dialogue *Correction automatique* ❶ ou supprimer directement la correction automatique ❷.

Correction des majuscules

Si vous laissez cochées les options de correction des majuscules, Word met automatiquement en majuscule les débuts de phrase (après un point) ou de cellule, le début de jour de la semaine et il supprime la 2e majuscule en début de mot.

Toutefois, il y a des exceptions : une abréviation finissant par un point n'est pas une fin de phrase, vous pouvez vouloir conserver un mot commençant par plusieurs majuscules. Ces exceptions se gèrent en cliquant sur le bouton [Exceptions...].

LES AUTOMATHS

Les AutoMaths (nouveauté de la version 2007) permettent de saisir des codes qui seront remplacés par des symboles mathématiques, à condition que vous ayez activé l'option ❶.

VÉRIFIER LA COHÉRENCE DE LA MISE EN FORME

Word peut vous aider à rectifier des écarts ponctuels de mise en forme. Par exemple, si les titres du document ont pour taille 28 points sauf ponctuellement où ils sont à 30 points, Word peut vous aider à appliquer une taille de 28 points à tous les titres.

Word recherche les incohérences de mise en forme suivantes appliquées directement à du texte, ou à des listes à puces ou numérotées, ou à des styles utilisés dans le document.

Si deux occurrences de mise en forme sont nettement dissemblables, Word ne les considère pas comme des incohérences. Par exemple, des occurrences de police Arial de taille 12 et 16, l'une pouvant être utilisée pour le corps du texte et l'autre pour les titres.

ACTIVER LE SUIVI DE LA MISE EN FORME

Cette option permet de conserver une trace des mises en forme qui ont été appliquées ici ou là dans le document. Vous pourrez, grâce à cela, afficher la liste des mises en forme appliquées et aussi sélectionner tous les morceaux de texte ayant une même mise en forme, par exemple pour la modifier partout de la même façon.

- Cliquez sur l'onglet **Fichier** puis sur **Options**, puis sur la catégorie *Options avancées* puis, sous la rubrique Options d'édition dans le volet de droite, cochez <☑ Suivi de la mise en forme> ❶.

Si cette option est active, vous pouvez sélectionner tous les morceaux de texte ayant une même mise en forme :

- Sélectionnez un morceau de texte avec cette mise en forme, puis cliquez droit sur la sélection, sur *Styles*, puis sur *Sélectionner le texte ayant une mise en forme semblable*.

LISTER LES MISES EN FORME DIRECTES

- Affichez le volet Styles, puis cliquez sur *Options...* situé au bas du volet *Styles*, puis activez les cases à cocher, des mises en forme directes dont vous voulez voir la liste dans le volet *Styles*. Vous pouvez par exemple les sélectionner pour les éliminer.

Sélectionner la mise en forme à afficher en tant que styles :

Mise en forme au niveau des paragraphes

Mise en forme des polices

Mise en forme des puces et de la numérotation

AFFICHER LES INCOHÉRENCES DE LA MISE EN FORME

Cette option signale, par un soulignement ondulé bleu, une mise en forme lorsqu'elle est similaire mais non identique au reste de la mise en forme appliquée dans le document.

- Dans les options Word, cochez la case <☑ Afficher les incohérences de la mise en forme> ❷.

Lorsque cette option est active, Word signale les incohérences dès la saisie.

Pour traiter une incohérence de mise en forme signalée :

- Cliquez droit sur le texte souligné en bleu, puis sur l'une des options :
- − ❶ Applique la suggestion pour harmoniser la mise en forme avec celle du reste du document.

- − Ignorer une fois : ignore cette occurrence de différence de mise en forme.
- − Ignorer la règle : ignore partout cette différence de mise en forme.

FUSION ET PUBLIPOSTAGE

2

CRÉER ET IMPRIMER UNE ENVELOPPE

CRÉER ET IMPRIMER UNE ENVELOPPE

- Sous l'onglet **Publipostage**>groupe **Créer**, cliquez sur le bouton **Enveloppes**.
- Dans la zone <Destinataire> : tapez l'adresse postale, ou cliquez sur l'icône ❶ *Insérer une adresse* pour insérer une adresse du carnet d'adresses électronique de Windows. Vous pouvez mettre en forme le texte dans cette zone.
- Dans la zone <Adresse de l'expéditeur> : votre adresse définie dans les options Word s'inscrit automatiquement, vous pouvez la modifier, ou cliquer sur l'icône ❷ *Insérer une adresse*.
- La case à cocher <□ Ajouter l'affranchissement électronique> servira seulement dans le futur lorsque des prestataires pourront proposer ce service, non disponible à ce jour en France.
- Pour ne pas inclure l'adresse de l'expéditeur sur l'enveloppe, cochez <☑ Omettre> ❸.
- Pour enregistrer l'enveloppe en vue d'une réutilisation ultérieure, cliquez sur [Ajouter au document], puis enregistrez le document. Word insère l'enveloppe dans une nouvelle section au début du document avec le numéro de page 0.
- Imprimez l'enveloppe : chargez une enveloppe dans l'imprimante comme prescrit dans les options pour les enveloppes (voir ci-après), puis cliquez sur [Imprimer].

Comme l'enveloppe est dans le document en page 0 de la section 1, pour imprimer le document sans l'enveloppe, entrez s2 (section 2) dans la zone <Pages> du dialogue *Imprimer*.

Pour définir votre adresse d'expéditeur

- Cliquez sur l'onglet **Fichier** puis sur **Options**, cliquez sur *Options avancées*, faites défiler les options jusqu'à la section Général, tapez votre adresse dans la zone <Adresse>.

Word enregistre l'adresse, vous pourrez insérer cette adresse d'expéditeur dans tout document.

LES OPTIONS POUR LES ENVELOPPES

Avant d'imprimer des enveloppes, vérifiez si les options sont bien définies.

- Onglet **Publipostage**>groupe **Créer**, cliquez sur le bouton **Enveloppes**, cliquez sur le bouton [Options...], puis sur l'onglet Options d'enveloppe.
- Dans la zone <Taille d'enveloppe>, cliquez sur la taille correspondant à votre enveloppe. Si aucune taille ne correspond, faites défiler la liste et cliquez sur *Taille personnalisée*, puis tapez les dimensions de votre enveloppe dans les zones <Largeur> et <Hauteur>.
- Cliquez sur l'onglet Options d'impression.

❶ Enveloppe à gauche, au milieu ou à droite et par le côté court ou par le côté long.

❷ Enveloppe face d'impression vers le haut (dessus) vers le bas (dessous)

❸ Pivoter pour que le texte s'imprime dans le sens souhaité pour la position de l'enveloppe

- Cliquez sur [OK].

CRÉER ET IMPRIMER UNE ÉTIQUETTE

- Onglet **Publipostage**>groupe **Créer**, cliquez sur le bouton **Étiquettes**. Dans la zone <Adresse>, tapez le texte de l'étiquette ou cliquez sur l'icône *Insérer une adresse* si vous voulez inscrire une adresse du carnet d'adresses Windows.

❶ Pour modifier la mise en forme : sélectionnez le texte, cliquez droit sur la sélection, puis sur *Police* ou sur *Paragraphe*.

❷ Sous Imprimer, activez :
<⊙ Étiquette unique> pour n'imprimer qu'une étiquette, dont vous spécifiez la <ligne> et la <colonne> , ou
<⊙ Page d'étiquettes identiques> pour imprimer toutes les étiquettes de la feuille à l'identique.

- cliquez sur [Options...] ❸, puis dans le dialogue *Options pour les étiquettes*, spécifiez les options (voir ci-dessous), validez en cliquant sur [OK].

- Cliquez sur [Imprimer], pour envoyer les étiquettes directement à l'imprimante.

Pour afficher un aperçu des étiquettes afin de pouvoir les modifier, par exemple y insérer une image, et les enregistrer dans un document réutilisable, cliquez sur [Nouveau document]. Word crée un document et place les étiquettes en tableau. Pour voir le quadrillage des étiquettes, sous **Outils de tableau/Disposition**>groupe **Tableau**, cliquez sur **Afficher le quadrillage**.

OPTIONS POUR LES ÉTIQUETTES

Avant d'imprimer des étiquettes, vérifiez si les options sont bien définies.

- Onglet **Publipostage**>groupe **Créer**, cliquez sur le bouton **Étiquettes**, puis sur [Options...].

❶ Type d'imprimante utilisé pour imprimer les étiquettes.

❷ Marque des feuilles d'étiquettes utilisées.

❸ Numéro de la référence produit qui apparaît sur votre boîte de feuilles d'étiquettes.

- Une fois que vous avez indiqué la marque, le numéro de référence des étiquettes (figurant sur la boîte), ou éventuellement défini des dimensions spécifiques, cliquez sur [OK].

Mesurez vos étiquettes de manière très précise. Il est possible que la taille réelle de vos étiquettes soit légèrement inférieure à celle annoncée par le fabricant. Si c'est le cas ou si le type d'étiquette que vous utilisez n'est pas répertorié dans la liste <Numéro de référence>, vous pouvez sélectionner une autre étiquette proche en taille, puis cliquer sur [Nouvelle étiquette...] spécifier les dimensions et nommer votre format d'étiquette.

PRINCIPE DE LA FUSION OU PUBLIPOSTAGE

Une opération de publipostage consiste à fusionner dans un document de base (lettre, enveloppe, étiquette...) les données d'une source de données (par exemple des adresses) de façon à obtenir plusieurs exemplaires du document de base, personnalisés avec les données.

Tous les outils de fusion et publipostage sont rassemblés sous l'onglet **Publipostage** :

LA SOURCE DE DONNÉES

La source de données peut être un tableau Word ou Excel, une base de données Access ou une base de données d'un autre logiciel compatible pour cela. Il peut aussi s'agir de contacts Outlook ou encore d'un fichier texte.

| Un fichier des adresses | Une lettre type contenant des champs de fusion | Des courriers personnalisés |

LES ÉTAPES D'UNE OPÉRATION DE FUSION

Créer un document de base

Il s'agit du document qui contient les informations invariables qui sont reproduites sur chaque lettre, étiquette, enveloppe. Dans le cas d'une lettre type, ce document contiendra le corps du texte, l'adresse de l'expéditeur, la formule de politesse, qui sont identiques pour chaque destinataire.

Associer une source de données au document de base

La source de données est un fichier qui contient les données variables qui vont servir à personnaliser le document type. Dans le cas d'une lettre, il s'agira d'une liste d'adresses contenant le nom et les coordonnées de chaque destinataire de la lettre.

Insérer les champs de fusion dans le document de base

Il faut ensuite insérer les champs de fusion dans le document de base. Les champs de fusion sont des contrôles qui correspondent aux rubriques du fichier de données. Une fois placés dans le document principal, ils déterminent où insérer les données de la source de données.

Lancer la fusion

Il reste à fusionner les données de la source de données vers le document de base. Chaque ligne (ou enregistrement) de la source de données produit une lettre, une étiquette, une enveloppe. On peut envoyer les documents qui en résultent vers l'imprimante, vers un nouveau document (ce qui permet de les relire et de les modifier), ou vers des adresses électroniques.

CRÉER UNE SOURCE DE DONNÉES AVEC WORD

Avec Word, vous pouvez créer une liste d'adresses qui sera enregistrée au format Office Access.

- Onglet **Publipostage**>groupe **Démarrer la fusion et le publipostage**, cliquez sur le bouton **Sélection des destinataires**, puis sur Entrer une nouvelle liste...

Le dialogue *Créer une liste d'adresses* s'affiche.

- Commencez par personnaliser les champs : cliquez sur [Personnaliser colonnes].

- Supprimez les champs dont vous n'avez pas besoin : sélectionnez le champ, puis [Supprimer].
- Renommez les champs si besoin : sélectionnez le champ, puis [Renommer...].
- Ajoutez éventuellement des champs : cliquez sur [Ajouter...], entrez le nom du champ, [OK].
- Changez éventuellement l'ordre des champs : utilisez les boutons [Monter] et [Descendre].
- Lorsque les champs utiles sont définis comme vous le voulez, cliquez sur [OK].

Le dialogue *Créer une liste d'adresses* s'affiche.

- Entrez les données dans les lignes d'adresse.

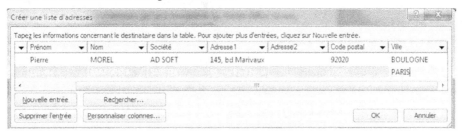

- Utilisez la touche ⌑ pour passer d'un champ au suivant.
- Pour ajouter un nouvel enregistrement, cliquez sur [Nouvelle entrée].
- Pour supprimer un enregistrement : cliquez sur sa ligne puis sur [Supprimer l'entrée].
- Lorsque vous avez terminé la saisie des enregistrements, cliquez sur [OK].

Le dialogue *Enregistrer une liste d'adresses* s'affiche, par défaut le dossier d'enregistrement est Mes sources de données, mais vous pouvez en sélectionner un autre.

- Dans <Type de fichier> : le type est *Listes d'adresses Microsoft Office (*.mdb)*.
- <Nom de fichier> : saisissez un nom pour ce fichier de données.
- Cliquez sur [Enregistrer].

Vous pouvez aussi créer un document Word comme source de données comportant un tableau unique, avec les titres de champs en première ligne, et lignes d'adresses dans les lignes suivantes.

MODIFIER LA SOURCE DE DONNÉES

- Une fois qu'une source de données est connectée au document (cf. page suivante), vous pouvez y accéder : onglet **Publipostage**>groupe **Démarrer la fusion et le publipostage**, cliquez sur le bouton **Modifier la liste de destinataires**. Dans la zone <Source de données>, cliquez sur la source de données ❶ puis sur le bouton [Modifier] ❷.

- S'il s'agit d'une source de données au format Access Office, le dialogue *Modifier la source de données* est identique à *Créer une liste d'adresses* (voir page précédente). Vous pouvez ajouter et modifier des enregistrements, vous pouvez aussi en supprimer. Vous pouvez aussi ajouter, renommer ou supprimer des champs. Mais pour d'autres formats de sources de données, les modifications possibles peuvent être limitées ou impossibles. Validez les modifications par [OK].

AFFINER LA LISTE DES ENREGISTREMENTS À FUSIONNER

- Onglet **Publipostage**>groupe **Démarrer la fusion et le publipostage**, cliquez sur le bouton **Modifier la liste de destinataires**, sélectionnez la source de données ❶.

Cocher les enregistrements à fusionner

Les enregistrements cochés sont ceux qui seront fusionnés dans le document principal. Vous devez décocher les enregistrements que vous souhaitez ignorer lors de la fusion : : cochez ou décochez la case en regard de *Source de données* ❹.

Affiner la liste des enregistrements à fusionner

Sous **Affiner la liste de destinataires** ❺, vous pouvez effectuer des actions sur la liste :

- Trier... : permet trois critères de tri des enregistrements de la liste.
- Filtrer... : permet de spécifier plusieurs critères de filtre sur les valeurs des champs, après avoir filtré et décoché/coché les enregistrements, le bouton [Effacer tout...] dans le dialogue *Filtrer et trier* efface tous les critères pour réafficher tous les enregistrements de la source.

- Rechercher les doublons... : détecte les doublons, vous pouvez décocher les doublons inutiles.
- Rechercher un destinataire... : trouve l'enregistrement suivant dont un champ contient une valeur spécifiée, vous pouvez le décocher/cocher, le bouton [Suivant] continue la recherche.
- Cliquez sur [OK] quand votre liste est prête à l'emploi pour la fusion.

CONNECTER À UNE SOURCE DE DONNÉES

CONNECTER LE DOCUMENT À UNE SOURCE DE DONNÉES

Lorsque vous venez de créer une liste d'adresses (cf. page 25), elle est automatiquement connectée au document en cours. Mais, vous pouvez aussi vouloir connecter une source de données à un document qui servira de lettre type.

- Onglet **Publipostage**>groupe **Démarrer la fusion et le publipostage**, cliquez sur le bouton **Sélection des destinataires**, puis cliquez sur l'une des commandes :

  – Utiliser la liste existante... pour choisir une source de données existante : dans le dialogue *Sélectionner la source de données* : localisez le dossier dans lequel se trouve la source (par exemple `Documents/Mes sources de données`), puis sélectionnez le fichier source de données : *Word (*.docx)*, *Excel (*.xlsx)*, *Access (*.mdb)*, etc.

Avec Excel (en OLE), vous pouvez sélectionner des données d'une feuille de calcul. Avec Access, vous pouvez sélectionner des données de n'importe quelle table ou requête.

  – Sélectionner à partir des Contacts Outlook... pour utiliser vos contacts Outlook (pas Outlook Express, pour Outlook Express exportez les adresses sous forme de fichier texte `.csv`).
  – Entrer une nouvelle liste... pour créer une liste d'adresses (voir page **Erreur ! Signet non défini.**).

Déconnecter la source de données

À chaque ouverture d'un document préparé pour la fusion avec des données, Word ouvre le lien vers la source. Vous pouvez déconnecter le document de la source de données :

- Cliquez sur le bouton **Démarrer la fusion et le publipostage**, puis sur Document Word Normal.

CONTRÔLER LE PROTOCOLE DE LIAISON AVEC UN FICHIER DE DONNÉES

Certains fichiers de données peuvent être connectés via différents protocoles, vous pouvez contrôler le choix du protocole en activant une option Word :

- Cliquez sur l'onglet **Fichier** puis sur **Options**, cliquez sur *Options avancées*, sous la section Général cochez la case <☑ Confirmer la conversion du format de fichier lors de l'ouverture>.

Si cette option est activée, lorsque vous sélectionnez le fichier de données, un dialogue permet de choisir le protocole (sinon le protocole par défaut OLE DB est choisi) :

Avec Excel, si les données sont formatées (pourcentage, valeur monétaire, code postal...), vous pouvez conserver le format numérique des données en utilisant le protocole DDE (Dynamic Data Exchange). Par exemple, pour que le code postal à cinq chiffres 07865 ne s'affiche pas sous la forme du nombre 7865 (sans le zéro d'en-tête).

Dans le dialogue *Sélectionner la source de données*, si vous cliquez sur le bouton [Toutes les sources de données], vous affichez la liste de tous les types de fichier source avec leur extension.

- *Fichiers de SGBD* (*`.odc`) si vous avez installé un fournisseur OLE DB, (*`.odc`) avec un pilote ODBC (utilisant le langage SQL). Certains de ces pilotes sont fournis avec Microsoft Office.
- *Fichier HTML* (*`.htm`) ou *document Word (*.docx)* qui comportent un tableau unique. La première ligne du tableau avec les noms de champs et les autres lignes avec les données.
- *Classeur Excel*, le tableau dans une feuille contenant les noms de champs en première ligne et les données dans les lignes suivantes.
- *Fichier texte délimité*, nom de champs en première ligne et données dans les lignes suivantes séparées par un délimiteur (tabulation, point-virgule...).
- *Carnets d'adresses électroniques* : Outlook, liste de contacts Microsoft Schedule+ 7.0, liste d'adresses créées à l'aide d'un système de messagerie compatible MAPI.

- Connectez le document à la source de données (voir page 27).
- Saisissez, mettez en forme le document et insérez des champs de fusion à l'aide des outils de l'onglet **Publipostage**>groupe **Champs d'écriture et d'insertion**. La fusion aura pour résultat de remplacer les champs de fusion par les données.

INSÉRER LE BLOC D'ADRESSE

- Placez le point d'insertion, cliquez sur le bouton **Bloc d'adresse**, choisissez les options.

- Cliquez sur [OK], le champ «BlocAdresse» est inséré.
- Pour basculer entre affichage du résultat et affichage du nom de champ : sous l'onglet **Publipostage**>groupe **Aperçu des résultats**, cliquez sur le bouton **Aperçu des résultats**.

Modifier le bloc d'adresse

- Cliquez droit dans le bloc adresse, puis sur la commande Modification du bloc d'adresse, le dialogue *Modification du bloc d'adresse* s'affiche et permet les modifications.

Correspondance des champs

Word gère le bloc d'adresse en fonction de noms de champs courants. Si les noms de champs de votre source de données ne sont pas reconnus, il faut indiquer leur correspondance avec les noms de champs du bloc adresse :

Dans le dialogue *Modification du bloc d'adresse*.

- Cliquez sur [Faire correspondre les champs...].
- Pour chaque champ sans correspondance, sélectionnez le champ de votre source de données qui convient.
- Cliquez sur [OK].

Si vous utilisez ces noms de champs régulièrement, cochez l'option ❶ pour mémoriser cette correspondance.

PRÉPARER LA LETTRE TYPE

INSÉRER UNE FORMULE D'APPEL

- Placez le point d'insertion, cliquez sur le bouton **Formule d'appel**, choisissez les options, cliquez sur [OK].

INSÉRER DES CHAMPS DE FUSION

- Placez le point d'insertion, cliquez sur le bouton **Insérer un champ de fusion**, sélectionnez le champ. Le nom du champ est inséré entre « ». En appuyant sur Alt+F9 le code champ s'affiche.

INSÉRER UN CHAMP CONDITIONNEL

Lors de la fusion, on peut vouloir qu'un texte soit inséré seulement si une condition est vraie, et qu'un texte différent le soit si la condition est fausse.

- Cliquez sur le bouton **Règle**, puis sur la commande *Si...Alors...Sinon...*

- Cliquez sur [OK] pour insérer le champ.

Pour basculer l'affichage entre le texte et le champ : tapez sur Alt+F9 pour tous les champs du document ou ⇧+F9 sur un seul champ.

{ IF Monsieur = "Monsieur" "Vous avez gagné une cravate" "Vous avez gagné des boucles d'oreilles" }

IMPRIMER LES LETTRES D'UN PUBLIPOSTAGE

- Le document de base (lettre type) a été connecté à la source de données (voir page 27).
- Les champs de fusion ont été insérés dans le document de base (voir page 29).
- Les enregistrements à fusionner sont cochés comme il faut (voir page 26).

APERÇU DES RÉSULTATS ET VÉRIFICATION AVANT FUSION

Avant d'effectuer la fusion, vous pouvez afficher un aperçu pour vérifier avant l'impression :

- Onglet **Publipostage**>groupe **Aperçu des résultats**, cliquez sur le bouton **Aperçu des résultats**.

Vous voyez à l'écran un aperçu du résultat de la fusion dans la lettre des données de l'enregistrement dont le numéro est en ❷.

- Vous pouvez faire défiler les enregistrements dans la lettre à l'aide des flèches ❶, le numéro qui apparaît en ❷ est le numéro de l'enregistrement actuellement fusionné dans la lettre.
- Vous pouvez rechercher un destinataire : cliquez sur le bouton **Rechercher un destinataire**, entrez le critère de recherche, cliquez sur [Suivant], l'enregistrement trouvé est fusionné dans le document à l'écran, cliquez sur [Annuler] son numéro apparaît en ❷.
- Vous pouvez faire une simulation ❸ de façon à repérer les erreurs et les corriger avant de lancer la fusion finale : cliquez sur le bouton **Rechercher les erreurs**.

EFFECTUER LA FUSION

- Onglet **Publipostage**>groupe **Terminer**, cliquez sur le bouton **Terminer&Fusionner**, puis cliquez sur l'une des commandes :

- Modifier des documents individuels...
  Le résultat de la fusion est envoyé dans un nouveau document Word. S'il s'agit d'une fusion de lettre type, les documents individuels personnalisés sont séparés dans le nouveau document par des sauts de section. L'avantage de cette méthode est que vous pouvez vérifier l'aspect des documents individuels par un aperçu avant impression, et que vous pouvez retoucher certains documents individuels avant de les imprimer. Vous pouvez enregistrer le résultat de la fusion pour l'imprimer ultérieurement ou le copier sur un autre ordinateur.
- Imprimer les documents...
  L'impression est sortie sur l'imprimante sans passer par un document intermédiaire.
- Envoyer des messages électroniques...
  Cette option permet d'envoyer par votre messagerie les documents individuels, si la source de données comporte un champ d'adresse e-mail.

❶ Sélectionnez le nom du champ qui contient l'adresse de messagerie des destinataires.

❷ Saisissez l'objet du message.

❸ Choisissez HTML ou Texte brut pour envoyer le document en tant que corps du message électronique, ou Pièce jointe pour envoyer le document en tant que pièce jointe.

Si vous envoyez le document sous forme d'un message électronique en texte brut, la mise en forme du texte ou les graphismes éventuels ne seront pas compris dans le message.

IMPRIMER LES ÉTIQUETTES D'UN PUBLIPOSTAGE

Vous disposez de planches d'étiquettes provenant d'un fournisseur comme Avery, AOne ou Formtec par exemple. Chaque type de feuille a une taille précise et contient un certain nombre d'étiquettes de dimensions spécifiques.

Vous devez faire correspondre les dimensions du document de base et du tableau des étiquettes qu'il contient, avec celles de la planche d'étiquettes dont vous disposez.

- Créer un nouveau document vierge, puis Onglet **Publipostage**>groupe **Démarrer la fusion et le publipostage**, cliquez sur **Démarrer la fusion et le publipostage**, puis sur Étiquettes.

  Dans le dialogue *Options pour les étiquettes*, vous devez sélectionner plusieurs options.

❶ Type d'imprimante utilisé pour imprimer les étiquettes.
❷ Marque des feuilles d'étiquettes utilisées.
❸ Numéro de la référence produit qui apparaît sur votre lot de feuilles d'étiquettes.

Mesurez vos étiquettes de manière précise. Il est possible que la taille réelle de vos étiquettes soit légèrement différente de celle annoncée par le fabricant. Si c'est le cas ou si le type d'étiquette que vous utilisez n'est pas répertorié dans <Numéro de référence>, sélectionnez une étiquette proche en taille, cliquez sur [Nouvelle étiquette...], spécifiez les dimensions et nommez votre format.

- Cliquez sur [OK] pour créer un tableau d'étiquettes dans le document.
- Connectez le document à la source de données (voir page 27), et affinez la liste d'adresses des destinataires (voir page 26).
- Dans la première étiquette du tableau, insérez les champs de fusion constituant l'adresse ou le bloc d'adresse (voir page 29), ainsi que les autres éléments texte ou image que vous souhaitez avoir sur chaque étiquette.
- Onglet **Publipostage**>groupe **Aperçu des résultats**, cliquez sur le bouton **Aperçu des résultats** pour visualiser le résultat de la première étiquette, faites les modifications que vous voulez et la mise en forme des caractères ou des paragraphes.
- Onglet **Publipostage**>groupe **Champs d'écriture ou d'insertion**, cliquez sur le bouton **Mettre à jour les étiquettes**, ce qui va copier la première étiquette sur les autres étiquettes.

- Il reste à imprimer le document sur la planche d'étiquettes et l'enregistrer si vous le voulez.

IMPRIMER LES ENVELOPPES D'UN PUBLIPOSTAGE

Si vous souhaitez utiliser des enveloppes pour envoyer un publipostage à votre liste d'adresses, le processus de fusion et publipostage vous permet de créer un lot d'enveloppes. Sur chaque enveloppe est inscrite une adresse provenant de la liste.

- Créez un document vierge, sous l'onglet **Publipostage**>groupe **Démarrer la fusion et le publipostage**, cliquez sur le bouton **Démarrer la fusion et le publipostage**, puis sur Enveloppes.

- Dans le dialogue *Options pour les enveloppes* :

- Sous l'onglet **Options d'enveloppe** :
  dans la zone <Taille d'enveloppe>, sélectionnez la taille correspondant à vos enveloppes. Si aucune taille ne correspond à celle de vos enveloppes, sélectionnez *Taille personnalisée* (dernière option de la liste) et tapez les dimensions de votre enveloppe dans les zones <Largeur> et <Hauteur>.

- Effectuez les ajustements de positionnement et de police pour les adresses du destinataire et de l'expéditeur. Un aperçu de votre mise en forme s'affiche sous **Aperçu** dans le dialogue.

- Sous l'onglet **Options d'impression** :
  définissez la façon dont vous prévoyez de charger les enveloppes dans le bac d'alimentation de votre imprimante.

- Cliquez sur [OK].

  Word modifie le document en cours de façon que la page corresponde aux dimensions d'enveloppe que vous avez définies. Si une adresse d'expéditeur est spécifiée dans les options de Word, cette adresse s'affiche dans un cadre sur la page. Un autre cadre vierge s'affiche pour l'adresse du destinataire. Pour visualiser les limites du cadre, cliquez sur le corps de l'enveloppe, à l'emplacement où vous souhaitez insérer l'adresse du destinataire.

- Connectez le document à la source de données (voir page 27), et affinez la liste d'adresses des destinataires (voir page 26).

- Dans le cadre de l'adresse du destinataire, insérez les champs de fusion constituant l'adresse ou le bloc d'adresse (voir page 29), ainsi que les autres éléments texte ou image que vous souhaitez avoir sur chaque enveloppe.

- Onglet **Publipostage**>groupe **Aperçu des résultats**, cliquez sur le bouton **Aperçu des résultats** pour visualiser le résultat d'une enveloppe avec les données d'un destinataire.

- Onglet **Publipostage**>groupe **Terminer**, cliquez sur le bouton **Terminer & Fusionner**, puis cliquez sur l'une des commandes :

- Modifier des documents individuels... : pour envoyer les enveloppes dans un nouveau document Word. Vous pouvez donc enregistrer le résultat de la fusion pour l'imprimer ultérieurement ou le copier sur un autre ordinateur.

- Imprimer les documents... : pour lancer directement l'impression des enveloppes sans passer par un document intermédiaire. Au moment de lancer l'impression, vous devez avoir chargé les enveloppes dans l'imprimante comme vous l'avez prescrit dans les options d'impression pour les enveloppes.

IMPRIMER LES DONNÉES EN LISTE

Si vous voulez obtenir une liste des données dans un document, le processus de fusion vous permet de créer un document avec une présentation sous forme tabulaire, par exemple un répertoire téléphonique, une liste d'articles...

- Créez un document vierge, puis sous l'onglet **Publipostage**>groupe **Démarrer la fusion et le publipostage**, cliquez sur **Démarrer la fusion et le publipostage**, puis sur la commande Répertoire.
- Connectez la source de données au document (voir page 27).
- Dans le document de base, insérez les champs de fusion que vous pouvez espacer par un caractère de tabulation plutôt que par un espace pour obtenir un alignement en colonne, terminez la ligne par une marque de paragraphe.

Vous pouvez saisir plusieurs paragraphes avec du texte, des champs de fusion, des images... Tous les paragraphes du document de base, sauf le dernier paragraphe qui doit être vide, seront imprimés autant de fois qu'il y a d'enregistrements à fusionner.

- Pour mettre en forme les données du document, sélectionnez le champ de fusion et mettez-le en forme, comme vous le feriez pour un autre texte. Assurez-vous que votre sélection englobe les chevrons (« ») qui entourent le champ.
- Sous l'onglet **Publipostage**>groupe **Aperçu des résultats**, cliquez sur le bouton **Aperçu des résultats** pour visualiser le résultat d'une ligne avec les données d'un destinataire.

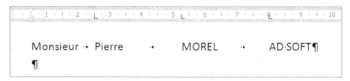

- Affiner les enregistrements à fusionner (voir page 26).
- Sous l'onglet **Publipostage**>groupe **Terminer**, cliquez sur le bouton **Terminer & Fusionner**, puis cliquez sur Modifier des documents individuels...
  Les données sont fusionnées dans un nouveau document nommé RépertoireN (N étant un numéro de séquence), chaque enregistrement de données est séparé du suivant par une marque de paragraphe.

- Si vous voulez insérer du texte avant ou après la liste, vous devez le faire dans le document résultat de la fusion nommé RépertoireN et pas dans le document contenant les champs de fusion.

UTILISER L'ASSISTANT DE PUBLIPOSTAGE

L'assistant de publipostage sert de guide pour réaliser le processus complet de publipostage.

■ Créez un document vierge, puis sous l'onglet **Publipostage**>groupe **Démarrer la fusion et le publipostage**, cliquez sur le bouton **Démarrer la fusion et le publipostage**, puis sur Assistant Fusion et publipostage pas à pas...

Le volet *Publipostage* s'affiche à droite de la fenêtre Word, il vous guide en six étapes :

Étape 1. Sélection du type de document.

Étape 2. Sélection du document de base.

Étape 3. Sélection des destinataires.

Étape 4. Écriture de la lettre en insérant les champs de fusion.

Étape 5. Aperçu des lettres fusionnées.

Étape 6. Fin de la fusion : imprimer ou modifier les lettres individuelles.

Vous pouvez toujours revenir à l'étape précédente ou repasser à l'étape suivante en cliquant sur les boutons ⊕ Précédente et ⊕ Suivante situés au bas du volet *Publipostage*.

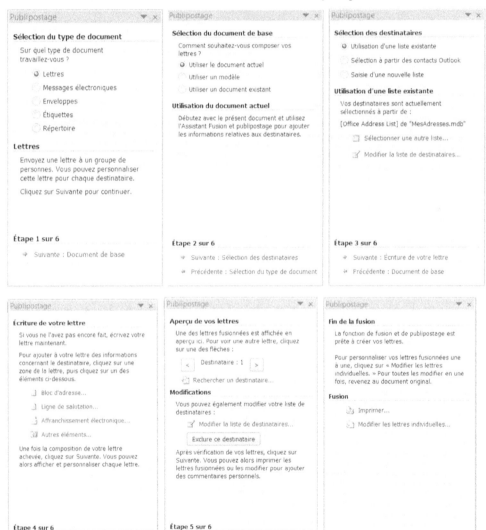

DOCUMENTS LONGS

3

MISE EN PAGE MULTISECTION

PRÉPARER UNE MISE EN PAGE RECTO VERSO

Un document destiné à être imprimé recto verso présente :

- des marges intérieure et extérieure au lieu de marges gauche et droite, et une marge de reliure qui se situe à l'intérieur (à gauche sur pages impaires, à droite sur pages paires).
- des en-tête/pied de page sur les pages paires et impaires qui peuvent avoir des contenus différents alignés de façon symétrique.
- Onglet **Mise en page**, cliquez sur le lanceur du groupe **Mise en page**.
- Sous l'onglet **Marge**, dans la zone <Afficher plusieurs pages> : sélectionnez *Pages en vis-à-vis*, les marges sont alors appelées <Intérieur> et <Extérieur> et la position de reliure ne peut plus être modifiée (en effet, elle est obligatoirement à l'intérieur).
- Sous l'onglet **Disposition**, cochez l'option <☑ Paires et impaires différentes> : si vous voulez des en-têtes et des pieds de page différents sur les pages paires et impaires.

MISE EN PAGE MULTISECTION

En scindant le document en plusieurs sections, vous pouvez définir une mise en page différente, et des en-têtes/pieds de page différents d'une section à une autre. L'en-tête et le pied de page peuvent être différents sur la première page d'une section, sur les pages paires et sur les pages impaires. Enfin une section peut commencer dans la continuité de la section précédente sans saut de page, ou bien commencer sur une nouvelle page (impaire, ou paire, ou suivant simplement).

- Cliquez dans la section, puis sous l'onglet **Mise en page** cliquez sur le lanceur du groupe **Mise en page**, puis sous l'onglet **Disposition** :
- Cochez l'option <☑ Première page différente>.
- Dans <Début de la section> : choisissez *Page impaire*, *Page paire*, *Nouvelle page* ou *Continu*.

Lorsque vous modifiez la mise en page dans une section, dans la zone <Appliquer à> : choisissez si la modification s'applique *À cette section*, *À partir de ce point*, ou *À tout le document*.

GÉRER DES EN-TÊTES ET PIEDS DE PAGE MULTIPLES

On peut définir des en-têtes différents d'une section à une autre.

- En affichage *Page*, dans la première page de la première section, double-cliquez dans l'en-tête.
- Sous l'onglet contextuel : **Outils En-têtes et pieds de page/Création**>groupe **Options**, cochez <☑ Pages paires et impaires différentes> et <☑ Première page différente>.

Avec ces deux options vous pouvez définir trois en-têtes (et pieds de page) dans la section en cours, un pour la première page, un pour les pages paires et un pour les pages impaires. Pour pouvoir les saisir tous les trois, la section doit comporter effectivement au moins trois pages.

- Saisissez le premier en-tête ❶ de la *Section 1* (ou laissez-le vide si vous ne voulez pas d'en-tête) puis cliquez sur le bouton **Section suivante** pour atteindre l'en-tête suivant des pages paires (de la même section, non pas de la suivante comme le laisserait supposer la commande).
- Saisissez ou modifiez l'en-tête des pages paires ❷, puis cliquez sur le bouton **Section suivante** pour atteindre l'en-tête des pages impaires (de la même section).
- Saisissez ou modifiez l'en-tête des pages impaires ❸, puis cliquez sur le bouton **Section suivante** pour atteindre cette fois-ci l'en-tête de première page de la section suivante (*section 2*), si elle existe.

MISE EN PAGE MULTISECTION

- Lorsque vous créez une section, par défaut les en-têtes (pieds de page) sont définis comme identiques (liés) à ceux de la section précédente, dans ce cas toute modification sur l'en-tête de la section change aussi l'en-tête de section précédente. Mais vous pouvez rendre l'en-tête indépendant de celui de la section précédente, cliquez sur le bouton **Lier au précédent** (ce bouton bascule entre « lié » et « indépendant »).

- Utilisez les boutons **Section suivante**, ou **Section précédente** pour changer d'en-tête (dans l'ordre première page, pages paires, pages impaires), vous pouvez rendre chacun des en-têtes « lié » ou « indépendant » de son correspondant de la section précédente par le bouton **Lier au précédent**. Procédez de la même façon pour toutes les autres sections.

NAVIGATION DANS LES EN-TÊTES ET LES PIEDS DE PAGE

- En affichage *Page*, double-cliquez sur un en-tête ou pied de page ; ou sous l'onglet **Insertion** >groupe **En-tête et pied de page**, cliquez sur le bouton **En-tête** (ou **Pied de page**) puis sur la commande Modifier l'en-tête (ou Modifier le pied de page).

L'en-tête ou le pied de page auquel vous accédez en édition correspond à celui de la page courante. Les outils de l'onglet **Outils En-têtes et pieds de page/Création** s'affichent sur le Ruban.

- ❶ pour basculer de l'en-tête au pied de page.
- ❷ pour basculer du pied de page à l'en-tête.
- ❸ pour passer à l'en-tête précédent.
- ❹ pour passer à l'en-tête suivant.
- ❺ pour rendre indépendant ou lier l'en-tête ou le pied de page en cours d'édition avec celui de la section précédente qui lui correspond.
- ❻ pour quitter l'édition des en-têtes/pieds de page et revenir au document.
  Vous pouvez aussi double-cliquer dans le corps du document, ou passer en affichage *Page*.

NOM DU CHAPITRE COURANT DANS L'EN-TÊTE OU LE PIED DE PAGE

Un en-tête ou un pied de page peut contenir un champ qui affiche le titre du chapitre en cours, c'est le cas de l'en-tête prédéfini nommé *Guide (pages impaires)* dans la galerie. Ce champ est {STYLEREF "1"=}, il affiche le texte du dernier paragraphe de style *Titre 1* qui précède la page.

Pour basculer entre l'affichage de résultat et du code de champ, cliquez droit sur le champ, puis sur la commande Basculer les codes de champ ou ⇧+F9.

Vous pouvez insérer ce champ de la façon suivante :

- Cliquez sur le bouton **Quickpart** (onglet **Insertion**>groupe **Texte**), puis sur Champ..., le dialogue *Champ* s'affiche. Dans la zone <Noms des champs> : sélectionnez *RéfStyle*, puis dans la zone <Nom de style> : sélectionnez le style du texte qui doit être visible dans l'en-tête, et définissez éventuellement des options, par exemple si vous souhaitez voir seulement le numéro du paragraphe cochez <☑ Insérer le numéro du paragraphe>.

Si vous voulez voir le numéro de paragraphe et le texte du paragraphe, il faut insérer une fois le champ avec l'option ci-dessus et une autre fois sans cette option.

Il peut être intéressant d'insérer d'autres champs, provenant par exemple des propriétés du document, comme le titre du document (champ *Title*) ou l'auteur (champ *Author*).

MODE PLAN

Dans un long document vous aurez des titres et des sous-titres. Plutôt que de mettre en forme directement ces titres, il est préférable de leur appliquer les styles de titre *Titre 1*, *Titre 2*, *Titre 3*... De cette manière, vous pourrez utiliser facilement le mode plan pour afficher la structure de document, et l'explorateur de document pour naviguer facilement d'un titre à l'autre.

Le mode *Plan* fournit des outils pour structurer un document en niveaux hiérarchiques (titres de niveaux un et deux... et corps du texte). Le mode *Plan* permet d'accomplir les actions suivantes :

- Réorganiser le plan du document en déplaçant des titres et les sous-titres.
- Visualiser le plan du document en n'affichant que les titres des niveaux souhaités.
- Gagner du temps lors de la création de la table des matières.

PASSER EN MODE PLAN

- Cliquez sur l'icône ⬚ *Plan* dans la barre d'état ou onglet **Affichage**>groupe **Affichages document**, cliquez sur le bouton **Plan**, l'onglet contextuel **Mode Plan** s'affiche dans le Ruban.

- Le document s'affiche avec ses différents niveaux. Les différents styles de titre intégrés sont associés à un niveau de plan : *Titre 1* pour le niveau 1, *Titre 2* pour le niveau 2... le dernier niveau étant le corps de texte.
- Chaque paragraphe titre est précédé d'une puce grise ⊕, chaque paragraphe corps de texte est précédé d'une puce grise ⊙.
- L'option ❶ cochée sur le Ruban n'affiche que la première ligne de chaque paragraphe de corps de texte.
- Pour fermer le mode *Plan* : cliquez sur le bouton **Fermer le mode plan** ou cliquez sur l'icône de l'affichage *Page* ou *Brouillon*.

MASQUER LES SOUS-NIVEAUX

- Pour masquer les titres au-dessous d'un certain niveau : dans la zone déroulante **<Afficher le niveau> ❷** : sélectionnez le niveau.
- Pour développer un titre/réduire un titre : utilisez les boutons ❹, outil ✛ ou ⟨Alt⟩+⟨⇧⟩+⟨+⟩ (pavé numérique) /outil ━ ou ⟨Alt⟩+⟨⇧⟩+Moins (pavé numérique).

DÉPLACER UN TITRE

- Cliquez dans le titre, cliquez sur les flèches ❸ ▾ (⟨Alt⟩+⟨⇧⟩+⟨↓⟩), ▴ (⟨Alt⟩+⟨⇧⟩+⟨↑⟩).

Si les sous-niveaux sont masqués, ils se déplacent avec le titre ; si les sous-niveaux ne sont pas masqués, ils ne sont pas déplacés, seul le titre l'est.

Vous pouvez aussi cliquer sur la puce grise devant le titre, cela sélectionne le titre et tous ses sous-niveaux, puis faites glisser à un autre emplacement.

HAUSSER OU BAISSER UN NIVEAU DE TITRE

- Cliquez sur un titre, puis cliquez sur les flèches vertes ❺, vers la droite pour baisser (⟨Alt⟩+⟨⇧⟩+⟨→⟩) d'un niveau le titre, vers la gauche (⟨Alt⟩+⟨⇧⟩+⟨←⟩) pour hausser d'un niveau le titre, ⟨Alt⟩+⟨⇧⟩+5 abaisse en corps de texte.

Si vous avez masqué les sous-niveaux du titre, tous les sous-niveaux changeront de niveau en même temps.

NUMÉROTER LES TITRES

LE VOLET DE NAVIGATION DANS LE DOCUMENT

- Onglet **Affichage**>groupe **Afficher**, cochez <☑ **Volet de navigation**>.

Le volet de navigation s'affiche à gauche de la fenêtre Word. Il affiche l'arborescence des titres (des niveaux) du document.

Lorsque vous cliquez sur un titre dans le volet de navigation, le point d'insertion se place devant le premier caractère de ce titre dans le document.

L'icône ◢ en regard d'un titre sert à masquer les sous-niveaux de ce titre, l'icône ▷ indique qu'il existe des sous-niveaux et sert à les développer.

Vous pouvez modifier la police utilisée dans le volet de navigation en modifiant le style intégré *Explorateur de document* (sans que cela affecte la mise en forme des titres dans le document).

NUMÉROTER LES TITRES

Si les titres ont été mis en forme par les styles intégrés *Titre 1*, *Titre 2*, *Titre 3*... vous pouvez numéroter facilement tous les titres du document.

- Placez le point d'insertion sur un titre de n'importe quel niveau, puis sous l'onglet **Accueil**>groupe **Paragraphe**, cliquez sur le bouton **Liste à plusieurs niveaux**.

- Dans la galerie, cliquez sur une vignette dont les niveaux numérotés sont représentés par les styles *Titre 1, Titre 2*...

Les styles *Titre 1, Titre 2*... sont modifiés automatiquement pour la numérotation à plusieurs niveaux. En conséquence, tous les titres de tous les niveaux deviennent numérotés dans le document avec le format de numérotation défini dans la liste à plusieurs niveaux choisie. La numérotation apparaît aussi dans le volet de navigation.

MODIFIER/SUPPRIMER LE FORMAT DE NUMÉROTATION DE NIVEAU N

- Cliquez sur un titre numéroté de niveau N, cliquez sur le bouton **Liste à plusieurs niveaux**, puis cliquez sur la commande Définir une nouvelle liste à plusieurs niveaux..., le dialogue s'affiche :

- Pour modifier le format de numérotation : modifiez les paramètres dans les zones ❶, ❷, ❸ et les autres.

- Pour supprimer la numérotation : effacez la zone ❶, sélectionnez *Aucun* en ❷, sélectionnez *Rien* en ❸.

- Définissez la position : retrait du texte...

- Cliquez sur [OK].

Pour réutiliser une liste à plusieurs niveaux, créez un style de liste : cliquez sur le bouton **Liste à plusieurs niveaux**, puis cliquez sur la commande Définir un nouveau style de liste... Définissez ensuite chaque niveau, et validez par [OK]. Le style de liste sera ensuite proposé dans la galerie.

DOCUMENT MAÎTRE ET SOUS-DOCUMENTS

Il peut être pratique de gérer un long document comme un document maître réunissant plusieurs sous-documents. Chaque sous-document, enregistré dans un fichier séparé, peut être travaillé séparément. Le document maître les englobe et contient les tables des matières et les index.

Le document maître permet de numéroter globalement les pages, les titres, les illustrations, les notes, d'utiliser les renvois... comme si les sous-documents faisaient partie d'un seul et même document.

Le document maître intègre automatiquement les styles qu'il trouve dans les sous-documents. Si vous modifiez un style dans le document maître, le style de même nom n'est pas modifié pour autant dans les sous-documents. Pour ne pas donner dans la difficulté, il est conseillé d'utiliser le même modèle et les mêmes styles dans tous les sous-documents et dans le document principal. De même, il est préférable d'utiliser les jeux de police, de couleur et les thèmes dans les styles et les mises en forme directes pour conserver l'homogénéité de la présentation.

Pour plus de facilité, enregistrez les sous-documents et le document maître dans le même dossier.

CRÉER UN DOCUMENT MAÎTRE

Réunir plusieurs documents dans un document maître

- Créez un nouveau document, passez en affichage *Plan*, puis sous l'onglet **Mode Plan**>groupe **Document maître**, cliquez sur le bouton **Afficher le document**.

- Placez le point d'insertion dans le document, pour chaque sous-document, cliquez sur le bouton **Insérer** (dans le groupe **Document maître**), sélectionnez le sous-document et insérez-le en cliquant sur [Ouvrir]. Les sous-documents doivent être insérés dans l'ordre où vous voulez les placer dans le document maître.

L'option <☑ Afficher la première ligne> sert à n'afficher que la première ligne de chaque paragraphe du document inséré.

Ce sont des liens vers les sous-documents qui sont insérés dans le document maître.
Pour afficher les liens au lieu du contenu : cliquez sur le bouton **Réduire les sous-documents**.
Notez que Word insère un saut de section continu avant chaque sous-document (vous les visualisez en affichant les caractères spéciaux Ctrl+F8).

Pour réafficher le contenu du sous-document : cliquez sur **Développer les sous-documents** qui a remplacé le bouton **Réduire les sous-documents** sur le Ruban.

Découper un document en plusieurs sous-documents

La division se fera automatiquement à chaque style de titre de plus haut niveau (en mode *Plan*), par exemple le style intégré *Titre 1* si vous avez appliqué ces styles intégrés pour les titres.

- Ouvrez le document à découper et passez en affichage *Plan*. Affichez seulement le niveau 1, celui des *Titre 1*, sélectionnez les titres (la sélection doit contenir uniquement des niveaux de titre), cliquez sur le bouton **Afficher le document**, puis cliquez sur le bouton **Créer.**
Chaque titre de niveau 1 constituera un sous-document incluant tous ses sous-niveaux.

DOCUMENT MAÎTRE ET SOUS-DOCUMENTS

Les sous-documents sont dans un cadre avec une icône de sous-document en marge gauche.

Pour nommer un fichier sous-document, il faut l'enregistrer individuellement :

- Double-cliquez sur son icône dans la marge gauche pour l'afficher dans une fenêtre séparée, qui est nommée `DocumentN`, enregistrez le sous-document de manière habituelle : cliquez sur l'onglet **Fichier** puis sur **Enregistrer** et nommez le fichier.

Remarque : si vous ne nommez pas vous-même les sous-documents, lors de l'enregistrement du document maître ils prendront les titres comme nom de fichier.

GÉRER LES SOUS-DOCUMENTS

Afficher les liens ou le contenu des sous-documents

- Pour afficher les liens au lieu du contenu du sous-document : cliquez sur le bouton **Réduire les sous-documents**, le bouton est remplacé par **Développer les sous-documents**.
- Pour réafficher le contenu des sous-documents : cliquez sur le bouton **Développer les sous-documents**, le bouton est remplacé par **Réduire les sous-documents**.

Ouvrir un sous-document dans une fenêtre séparée

- Double-cliquez sur l'icône du sous-document.

Supprimer un sous-document

- Cliquez sur l'icône du sous-document et appuyez sur Suppr.
  Le contenu du sous-document n'est plus visible dans le document principal. Le lien est supprimé mais pas le fichier lui-même.

Convertir un sous-document en une partie du document maître

- Cliquez sur l'icône du sous-documentN, cliquez sur le bouton **Supprimer le lien**.
  Le fichier sous-document existe toujours mais une copie du contenu de ce fichier a été insérée dans le document maître et le lien vers le sous-document n'existe plus.

Fusionner deux sous-documents qui se suivent

- Cliquez sur l'icône du premier sous-document, maintenez appuyée la touche ⇧ et cliquez sur l'icône du second sous-document, cliquez sur le bouton **Fusionner** sur le Ruban.

Déplacer les sous-documents au sein du document maître

- Cliquez sur l'icône du sous-document et faites glisser la sélection vers le haut ou le bas.

Fractionner un sous-document

- Placez le point d'insertion dans le texte du sous-document qui est affiché à l'endroit où vous voulez fractionner le sous-document, cliquez sur le bouton **Fractionner** sur le Ruban.

Verrouiller ou déverrouiller un sous-document

Pour éviter une modification involontaire, vous pouvez verrouiller/déverrouiller un sous-document : (Les sous-documents réduits à l'affichage des liens sont automatiquement verrouillés. Il faut développer les sous-documents pouvoir les verrouiller ou les déverrouiller).

- Cliquez sur l'icône du sous-document, cliquez sur le bouton **Verrouiller le document**, un symbole cadenas se place alors sous l'icône du sous-document, et le bouton est surligné sur le Ruban pour indiquer le verrouillage en cours.
- Pour déverrouiller le document, cliquez à nouveau sur le bouton **Verrouiller** sur le Ruban.

GÉNÉRER UNE TABLE DES MATIÈRES

La méthode la plus facile pour créer une table des matières consiste à utiliser les styles de titre intégrés *Titre 1* à *Titre 9*. Vous pouvez également, mais c'est moins simple, créer une table des matières basée sur des styles personnalisés que vous avez appliqués ou sur les niveaux de titres (mode plan) que vous avez définis dans le document.

INSÉRER UNE TABLE DES MATIÈRES

- Placez le point d'insertion à l'endroit où vous voulez insérer la table des matières, puis sous l'onglet **Références**>groupe **Table des matières**, cliquez sur **Table des matières**, cliquez sur Insérer une Table des matières...

- Dans le dialogue *Table des matières*, sous Général choisissez le format (l'aspect) et indiquez le nombre de niveaux à afficher dans la table ; sous Aperçu avant impression choisissez d'afficher ou non les numéros de page, de les aligner ou non à droite et spécifiez éventuellement des caractères de suite..., cliquez sur [OK].

Les valeurs par défaut génèrent trois niveaux de titres construits à partir des styles *Titre 1* à *Titre 3* ❶, avec des titres de table des matières fonctionnant comme des liens hypertextes ❷.

Mettre à jour la table des matières

Après avoir modifié votre document, il faut mettre à jour la table des matières :

- Cliquez dans la table des matières, puis sous l'onglet **Références**>groupe **Table des matières**, cliquez sur le bouton **Mettre à jour la table**, ou tapez F9 ou cliquez droit puis sur Mettre à jour les champs.

- Dans le dialogue : si vous êtes sûr de ne pas avoir modifié les titres, activez <⊙ Mettre à jour les numéros de page uniquement>, sinon activez l'option <⊙ Mettre à jour toute la table>.

- Cliquez sur [OK].

Mettre en forme les styles de la table des matières

Ces niveaux de titre sont mis en forme par les styles intégrés *TM 1, TM 2, TM 3...* Pour changer la présentation de la table, modifiez ces styles.

Si vous avez sélectionné dans la zone <Formats> : *Depuis modèle*, le bouton [Modifier] du dialogue *Table des matières* peut servir à définir les styles *TM 1, TM 2...*

GÉNÉRER UNE TABLE DES MATIÈRES

Marquer du texte pour l'inclure dans la table des matières

- Cliquez dans le paragraphe, sous l'onglet **Références**>groupe **Table des matières**, cliquez sur le bouton **Ajouter du texte**, choisissez le niveau auquel vous voulez mettre ce texte dans la table des matières.

- Pour enlever ce texte de la table des matières, cliquez sur le paragraphe dans le corps du document, puis cliquez sur le bouton **Ne pas afficher dans la table des matières**.

RÉGÉNÉRER UNE TABLE DES MATIÈRES

- Cliquez dans la table, sous l'onglet **Références**>groupe **Table des matières**, cliquez sur le bouton **Table des matières**, cliquez sur Insérer une table des matières...
Le dialogue *Table des matières* s'affiche pour vous permettre de modifier vos choix antérieurs de construction de la table des matières.

OPTIONS DE CONSTRUCTION DE LA TABLE DES MATIÈRES

Le bouton [Options] sert à choisir des styles de titres personnalisés que vous avez utilisés dans votre document en plus ou à la place des styles intégrés de Word. Et, si vous avez prévu d'utiliser des champs d'entrée de table {TE}, il faut aussi le signaler à Word dans ce dialogue.

- Sous **Styles disponibles** : recherchez le nom du style personnalisé et, sur la même ligne sous **Niveau**, tapez un chiffre compris entre 1 et 9 pour indiquer le niveau à affecter au style de titre.

SUPPRIMER UNE TABLE DES MATIÈRES

- Onglet **Références**>groupe **Table des matières**, cliquez sur le bouton **Table des matières**, cliquez sur Supprimer la table des matières...

LE CHAMP {TOC}

La table des matières est en fait un champ {TOC}, vous pouvez visualiser les champs en tapant sur ⇧+F9. Certains paramètres de construction de table des matières ne peuvent être spécifiés que dans le champ, par exemple pour une table des matières partielle (\b).
Le champ {TOC} utilise des commutateurs par exemple {TOC \o "1-3" \b chapitre1}.

\b signet :   génère une table des matières sur la partie du document couverte par le signet.

"1-4" :   construit une table à quatre niveaux.

\o :   construit la table à partir des niveaux hiérarchiques de plan.

GÉNÉRER UNE TABLE DES ILLUSTRATIONS

Les tables des illustrations sont les tables des figures, des tableaux, des graphiques... qui se trouvent dans le document. Ces tables reprennent soit les textes de légende de ces éléments, soit les textes d'un style de votre choix, que vous avez placés comme libellé à côté des éléments.

INSÉRER LES LÉGENDES

■ Cliquez sur un élément à référencer, puis sous l'onglet **Références**>groupe **Légendes** cliquez sur le bouton **Insérer une légende**, sélectionnez l'étiquette à utiliser, vous pouvez créer une nouvelle étiquette avec le bouton [Nouvelle étiquette], spécifiez la position de la légende par rapport à l'élément, cliquez sur [OK] pour insérer la légende.

GÉNÉRER UNE TABLE EN UTILISANT LES LÉGENDES

■ Assurez-vous qu'une légende existe pour chaque élément (image, tableau...). Une légende est une étiquette numérotée par exemple, Figure 1, Figure 2... ou Tableau 1, Tableau 2...Ex 1, Ex 2...

■ Placez le point d'insertion à l'endroit où vous voulez insérer la table, puis sous l'onglet **Références**>groupe **Légendes**, cliquez sur le bouton **Insérer une table des illustrations**.

❶ Laissez ces options cochées pour avoir les numéros de page, sinon décochez.

❷ Choisissez les caractères de suite entre le libellé et le numéro de page.

❸ Choisissez une présentation ou, si vous gardez *Depuis modèle*, cliquez sur [Modifier] pour mettre en forme le style *Table des illustrations*.

❹ Sélectionnez le texte de la légende pour laquelle vous voulez créer la table

❺ Laissez cette case cochée pour inclure l'étiquette numérotée, sinon décochez.

■ Cliquez sur [OK] pour insérer la table.

Les lignes d'une table des illustrations sont mises en forme avec le style intégré *Table des illustrations*. Pour changer leur présentation, modifiez ce style. Les lignes d'une table d'illustration fonctionnent comme des liens hypertextes si vous avez laissé cochée l'option ❻.

GÉNÉRER UNE TABLE EN UTILISANT UN STYLE

■ Associez à chaque élément un texte d'accompagnement et appliquez à ces textes un style personnalisé que vous avez créé et que vous réservez à cet usage.

■ Placez le point d'insertion à l'endroit où vous voulez insérer la table, sous l'onglet **Références**>groupe **Légendes**, cliquez sur le bouton **Insérer une table des illustrations**.

■ Cliquez sur [Options...], cochez l'option <☑ Style> et sélectionnez le style personnalisé.

■ Cliquez sur [OK] deux fois.

METTRE À JOUR LA TABLE

Après avoir modifié votre document, il faut mettre à jour les tables des illustrations :

■ Cliquez dans la table, puis sous l'onglet **Références**>groupe **Légendes**, cliquez sur le bouton **Mettre à jour la table**, ou tapez F9 ou cliquez droit puis sur Mettre à jour les champs.

GÉNÉRER UN INDEX

Un index est une liste de termes et de sujets rencontrés dans un document, indiquant les numéros de page auxquels ils figurent. Pour créer un index, insérez dans un premier temps les entrées d'index dans le document pour marquer les mots à indexer, il reste ensuite à générer l'index.

INSÉRER LES ENTRÉES DE L'INDEX

Insérer manuellement les entrées d'index

- Onglet **Références**>groupe **Index**, cliquez sur le bouton **Entrée** (ou [Alt]+[⇧]+X).

Le dialogue *Marquer les entrées d'index* s'affiche.

- Sélectionnez dans le document un mot à indexer, puis cliquez dans le dialogue. Le texte sélectionné s'inscrit automatiquement dans la zone <Entrée> et vous pouvez le modifier.

- Créer une sous-entrée : tapez le texte dans la zone <Sous-entrée>, ou dans la zone <Entrée> après le texte de l'entrée principale suivi de deux-points (:).
- Créer une entrée d'index qui renvoie à une autre entrée : cliquez sur <⊙ Renvoi>, puis tapez le texte de l'autre entrée dans la zone.
- Mettre en forme les numéros de page s'affichant dans l'index : cochez <☑ Gras> ou <☑ Italique>.
- Mettre en forme le texte de l'entrée de l'index : cliquez-droit sur le texte dans la zone <Entrée> ou <Sous-entrée>, puis sur *Police*, sélectionnez les options de mise en forme que vous souhaitez utiliser.

- Cliquez sur [Marquer] pour marquer l'occurrence de ce texte ou [Marquer tout] si vous voulez marquer toutes les occurrences de ce texte dans le document.

L'affichage des caractères masqués s'active automatiquement de façon à rendre visibles les entrées d'index qui ont été insérées dans le document.

Le dialogue *Marquer les entrées d'index* reste affiché pour vous permettre de créer d'autres entrées d'index, lorsque vous avez terminé de marquer les entrées :

- Cliquez sur le bouton [Fermer] dans le dialogue.

Insérer automatiquement les entrées d'index à partir d'un fichier d'indexation

- Créez un fichier Word contenant tous les mots à indexer (un mot par ligne).
  Si l'entrée d'index doit être différente du texte du document, le fichier Word contient un tableau de concordance : en première colonne le texte à rechercher dans le document, en seconde colonne le texte de l'index.
- Sous l'onglet **Références**>groupe **Index**, cliquez sur le bouton **Insérer l'index**, cliquez sur le bouton [Marquage auto] et sélectionnez le fichier d'indexation.

INSÉRER L'INDEX

- Placez le point d'insertion à l'endroit où vous voulez insérer l'index, puis sous l'onglet **Références**>groupe **Index**, cliquez sur le bouton **Insérer l'index**.

Le dialogue *Index* s'affiche (voir l'illustration page suivante).

- Spécifiez le nombre de colonnes et la mise en forme des styles d'index :
- soit vous sélectionnez un des modèles d'index proposés dans la zone <Formats :> : *Classique*, *Recherché*, *Moderne*…, soit vous personnalisez les styles d'index : dans la zone <Formats :> choisissez *Depuis modèle*, puis cliquez sur [Modifier] pour mettre en forme les styles d'index…
- Cliquez sur [OK] pour générer l'index.

GÉNÉRER UN INDEX

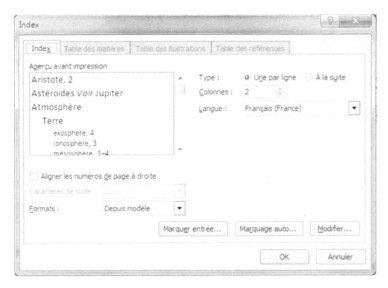

RECTIFIER DES ENTRÉES D'INDEX

Si vous trouvez une erreur dans l'index, recherchez l'entrée d'index que vous souhaitez modifier, apportez la modification et ensuite, mettez à jour l'index.

- Si les champs XE ne sont pas affichés, sous l'onglet **Accueil**>groupe **Paragraphe**, cliquez sur **Afficher tout**, puis recherchez le champ XE de l'entrée que vous souhaitez modifier, par exemple, {XE "Mercure" \t "Voir Planètes"}.

Vous pouvez trouver facilement un champ XE, par exemple vous pouvez rechercher (Ctrl +F) le texte XE "Mercure pour trouver toutes les entrées d'index commençant par Mercure. Vous pouvez aussi faire un remplacement de toutes les occurrences d'une entrée d'index.

SUPPRIMER UNE ENTRÉE D'INDEX

- Si les champs XE ne sont pas affichés, cliquez sur **Afficher** (onglet **Accueil**>groupe **Paragraphe**, puis sélectionnez le champ de l'entrée d'index, y compris les accolades ({}) et appuyez sur Suppr, puis mettez à jour l'index.

METTRE À JOUR L'INDEX

Si vous avez modifié le document et que la pagination a été modifiée, il est nécessaire de mettre à jour l'index.

- Placez le point d'insertion dans l'index, puis sous l'onglet **Références**<groupe **Index** cliquez sur le bouton **Mettre à jour l'index** ou appuyez sur F9, ou cliquez droit dans l'index puis cliquez sur la commande Mettre à jour les champs.

Si vous voulez générer à nouveau l'index en modifiant les options de présentation : cliquez dans l'index, puis sous l'onglet **Références**>groupe **Index** cliquez sur le bouton **Insérer un index**.

SUPPRIMER L'INDEX

- Cliquez droit sur l'index, puis sur la commande Basculer le code de champ.

```
{ INDEX \c "2" \z "1036" }
```

- Sélectionnez le champ, y compris les accolades ({}) et appuyez sur Suppr.

LÉGENDER DES FIGURES, DES TABLEAUX...

Une légende est un intitulé numéroté que vous pouvez associer à un tableau, une figure...Vous choisissez l'intitulé, Word se charge de la numérotation automatique. Vous pouvez faire en sorte que Word insère automatiquement une légende lorsque vous insérez des tableaux, des figures. Si vous avez déjà inséré ces éléments, vous pouvez ajouter une légende manuellement.

INSERTION AUTOMATIQUE DES LÉGENDES

Lorsque vous insérez des objets par l'onglet **Insertion**>groupe **Texte** en cliquant sur l'outil **Objet**, vous sélectionnez le type d'objet. Word peut insérer automatiquement une légende lorsque vous insérez un certain type d'objet. Procédez de la façon suivante :

■ Sous l'onglet **Références**>groupe **Légendes**, cliquez sur le bouton **Insérer une légende**, dans le dialogue *Légende*, cliquez sur le bouton [Légende automatique...].

■ Dans le dialogue *Légende automatique*, faites défiler les types d'objet et cochez le type de l'objet pour lequel vous voulez insérer systématiquement une légende, puis spécifiez les options :

– Dans la zone <Étiquette> : sélectionnez l'étiquette à utiliser. Si vous voulez créer une nouvelle étiquette, cliquez sur [Nouvelle étiquette...].

– Cliquez sur [Numérotation] : spécifiez le type de numérotation simple (*1,2,3* ou *A,B,C...*) ou précédé d'un numéro de chapitre, [OK].

– Dans la zone <Position> : choisissez la position de la légende au-dessus/au-dessous de l'objet.

■ Cliquez sur [OK].

Une fois ce choix effectué, lorsque vous insérez un élément du type spécifié, Word insère automatiquement une légende commençant par l'étiquette suivie d'un numéro de séquence (*Tableau n* dans l'exemple), il vous reste à saisir un descriptif de l'objet.

INSÉRER MANUELLEMENT LES LÉGENDES

Vous pouvez insérer manuellement une légende pour un objet non encore légendé, dans ce cas toutes les légendes suivantes qui utilisent la même étiquette sont renumérotées en séquence.

■ Sélectionnez l'objet à légender, sous l'onglet **Références**>groupe **Légendes**, cliquez sur le bouton **Insérer une légende**, le dialogue *Légende* s'affiche :

– Dans la zone <Étiquette> : sélectionnez l'étiquette à utiliser, il s'inscrit dans la zone <Légende> avec un numéro de séquence, il vous reste à saisir après le descriptif de l'objet, si vous voulez créer une nouvelle étiquette, cliquez sur [Nouvelle étiquette...].

– Dans la zone <Position> : choisissez la position de la légende au-dessus/au-dessous de l'objet.

– Cliquez sur [Numérotation] si vous voulez modifier le type de numérotation.

■ Cliquez sur [OK].

Un numéro de légende est un champ {SEQ} que vous pouvez modifier, après avoir affiché le code de champ par ⇧+F9, ou cliquez droit sur le champ puis cliquez sur Basculer les codes de champ.

NOTES DE BAS DE PAGE ET DE FIN

Les notes s'utilisent pour expliquer, préciser des points sur le texte d'un document. La présence d'une note est marquée dans le texte par un appel de note. Les notes peuvent être placées en bas de page, en fin de section ou en fin de document.

Word numérote automatiquement les notes de bas de page et de fin selon une numérotation que vous avez spécifiée, celle-ci peut être différente dans chaque section du document. Lorsque vous ajoutez, supprimez ou déplacez des notes, Word renumérote les appels de note.

INSÉRER UN APPEL DE NOTE ET SAISIR LA NOTE

- En affichage *Page*, placez le point d'insertion à l'endroit où vous voulez insérer l'appel de note, puis sous l'onglet **Références**>groupe **Notes de bas de page**, cliquez sur le bouton **Insérer une note de bas de page** (Ctrl + Alt +B) ou **Insérer une note de fin** (Ctrl + Alt +F).

- Le point d'insertion passe alors en bas de page (ou en fin de document) : tapez le texte de la note puis, pour revenir au texte, double-cliquez sur le numéro de la note ou ⇧+F5.

Vous pouvez utiliser un symbole (non numéroté) comme appel de note : cliquez sur le lanceur du groupe **Note de bas de page**, le dialogue *Notes de bas de page et de fin de document* s'affiche. Dans la zone <Personnalisée> : saisissez un symbole ou cliquez sur [Symbole] pour sélectionner un symbole, puis cliquez sur [Insérer] pour créer la note dans le document.

NAVIGUER DE NOTE EN NOTE

- Cliquez sur la flèche du bouton **Note de bas page suivante**, puis sur la commande qui permet d'aller à la note suivante ou précédente.

Lorsque vous amenez le pointeur sur un appel de note, une infobulle affiche le contenu de la note.

> du sanskrit jina "victorieux"
>
> Le Jaïnisme, ou Jinisme, est une religion, un chemin spirituel o (non-violence) et de karma et qui met l'accent sur l'ascétisme

MODIFIER LE TEXTE DE LA NOTE

- Double-cliquez sur l'appel de note, Word affiche le texte de la note, modifiez le texte de la note, puis pour revenir à la marque d'appel, double-cliquez sur le numéro de la note ou ⇧+F5.

MODIFIER L'EMPLACEMENT ET LE FORMAT DE NUMÉROTATION

- Onglet **Références** >groupe **Notes de bas de page**, cliquez sur le **lanceur** du groupe.

Le dialogue *Notes de bas de page et de fin de document* s'affiche.

- Sous **Emplacement** : activez <⊙ Notes de bas de page> : choisissez *Sous le texte* ou *Bas de page*, ou activez <⊙ Notes de fin> : choisissez *Fin de section* ou *Fin de document*.

  Le bouton [Convertir] permet de convertir les notes de bas de page en notes de fin.

- Sous **Format** : spécifiez le format de numérotation, si la numérotation est continue ou recommence à chaque section ou à chaque page.

- Cliquez sur [Appliquer].

SUPPRIMER UNE NOTE

- Dans le document, sélectionnez l'appel de note correspondant à la note de bas de page ou à la note de fin à supprimer et appuyez sur Suppr.

SIGNETS

Un signet marque un emplacement ou une sélection de texte. Après avoir créé un signet, vous pouvez créer des renvois à ce signet à partir d'autres endroits dans le texte.

L'insertion d'un signet sur un élément numéroté (élément légendé, note de bas de page ou de fin) ou sur un titre même non numéroté est inutile, car Word les marque déjà systématiquement par des signets masqués.

CRÉER UN SIGNET

- Sélectionnez le texte ou l'élément à marquer, ou cliquez sur une position à marquer, puis sous l'onglet **Insertion**>groupe **Liens**, cliquez sur le bouton **Signet**, dans <Nom du signet> : saisissez un nom, cliquez sur [Ajouter].

Les noms de signet doivent commencer par une lettre et peuvent contenir des chiffres, mais ils ne peuvent pas renfermer d'espaces. Utilisez le caractère de soulignement pour séparer des mots, par exemple `Connecter_source`.

ATTEINDRE UN SIGNET SPÉCIFIQUE

- Sous l'onglet **Insertion**>groupe **Liens**, cliquez sur le bouton **Signet**, les signets peuvent être triés par <⊙ Nom> ou par <⊙ Emplacement>, cliquez sur le nom du signet, cliquez sur [Atteindre].

Les marques de signets ne sont visibles à l'écran que si avez activée l'option Word <☑ Afficher les signets> dans les Options avancées sous **Afficher le contenu du document**. Les éléments ou textes marqués par un signet s'affichent entre crochets ([...]) à l'écran. Si vous marquez simplement la position du point d'insertion, le signet se signale par un I. Les crochets ne sont jamais imprimés.

COPIER/DÉPLACER UN TEXTE CONTENANT UN SIGNET

Pour voir l'effet sur le signet, activez l'option d'affichage des signets (voir ci-dessus).

La copie de tout ou partie dans le même document n'entraîne pas la copie du signet, alors que la copie dans un autre document entraîne la copie du signet.

Le déplacement ou le couper/coller de tout le texte marqué entre [ ] entraîne le déplacement du signet. Si vous supprimez une partie du texte, le signet reste sur le texte non supprimé. Si vous supprimez tout le texte du signet, le signet est supprimé. Si vous ajoutez du texte dans le signet entre les [ ], le signet englobe le nouveau texte.

SUPPRIMER UN SIGNET

- Onglet **Insertion**>groupe **Liens**, cliquez sur **Signet**, cliquez sur le nom du signet à supprimer, puis appuyez sur [Supprimer].

Pour supprimer à la fois le signet et l'élément ou le texte marqué par le signet, sélectionnez l'élément ou le texte entre [ ] et appuyez sur [Suppr].

INSÉRER AVEC LIAISON UN TEXTE MARQUÉ PAR UN SIGNET

- Pour insérer un texte marqué par un signet dans le même document : insérez un renvoi vers le signet, un champ `{REF nom_signet \h }` est inséré.
- Pour insérer un texte marqué par un signet dans un autre document : onglet **Insertion**> groupe **Texte**, cliquez sur la flèche du bouton **Objet**, puis sur Texte d'un fichier..., le dialogue *Insérer un fichier* s'affiche : sélectionnez le dossier puis le document contenant le signet, cliquez sur [Plage], saisissez le nom du signet et validez par [OK], puis cliquez sur la flèche du bouton [Insérer] puis sur Insérer comme Lien.
  Un champ `{INCLUDETEXT "nom_fichier" nom_signet}` est inséré.

Un renvoi insère un élément ou une référence à un élément qui figure à un autre emplacement dans le même document. Par exemple `Voir Page 4`, où `4` est le numéro de page qui contient un élément vers lequel vous faites un renvoi. Vous pouvez créer des renvois à des titres, des pieds de page, des en-têtes, des signets, des légendes et à des éléments numérotés.

CRÉER UN RENVOI

Vous pouvez créer des renvois seulement vers des éléments qui appartiennent au même document. Pour renvoyer à un élément qui se trouve dans un autre document, les documents doivent être groupés dans un document maître (voir page 40).

L'élément auquel vous faites référence doit déjà exister. Par exemple, avant de faire référence à un signet, vous devez avoir créé le signet.

- Tapez le texte d'introduction du renvoi, par exemple `Pour plus d'informations, consultez` puis sous l'onglet **Insertion**>groupe **Liens**, cliquez sur le bouton **Renvoi**.

- Dans la zone <Catégorie> : sélectionnez le type d'élément pour lequel vous souhaitez créer un renvoi (un titre, une légende, un signet...).
- Dans la zone <Insérer un renvoi à> : sélectionnez les informations à insérer dans le document, le texte du titre ou le texte marqué par le signet, le Numéro de paragraphe, Numéro de paragraphe (contexte complet) ou Numéro de paragraphe (pas de contexte), Numéro de page...
- Dans la zone <Pour xxxxx> (xxxxxx étant la catégorie) : cliquez dans la liste sur l'élément auquel vous voulez faire référence, par exemple, un titre de chapitre ou un nom de signet...
- Pour que le renvoi fonctionne comme un lien hypertexte (Ctrl +clic sur le renvoi affiche l'élément référencé), activez la case à cocher <☑ Insérer comme lien hypertexte>.
- Si la case à cocher <☐ Inclure Ci-dessus/Ci-dessous> est disponible, vous pouvez la sélectionner pour que s'inscrive à côté du renvoi une mention `ci-dessus` ou `ci-dessous` selon la position de l'élément référencé.
- Cliquez sur [Insérer].

Un renvoi est un champ {REF}. Pour basculer l'affichage entre codes champs et valeurs, cliquez-droit sur le code de champ, puis sur Basculer les codes de champ ou appuyez sur ⇧+F9.

METTRE À JOUR LES RENVOIS

Si le document a été remanié, et que vous voulez vous assurer que les informations des renvois sont à jour, sélectionnez tout le document puis cliquez droit sur la sélection, puis cliquez sur la commande Mettre à jour les champs ou appuyez sur F9.

Dans les options Word d'*Affichage*, sous **Options d'impression**, <☑ Mettre à jour les champs avant impression> : les champs seront mis à jour avant l'impression ou l'aperçu avant impression.

CRÉER UNE BIBLIOGRAPHIE

Vous pouvez citer vos sources bibliographiques dans votre document. Vous pourrez ensuite générer automatiquement une bibliographie qui répertorie les sources citées dans le document.

CITER UNE SOURCE

Choisir un standard de description bibliographique

Les standards MLA ou APA sont recommandés pour les citations et les sources traitant des sciences sociales. Pour plus d'information, vous pouvez vous référer au site `www.revue-texto.net/Reperes/Themes/Kyheng_References.html`.

- Choisissez le style bibliographique : sous l'onglet **Références**>groupe **Citations et bibliographie**, cliquez sur la **flèche** de la zone **Style**, sélectionnez un des standards de description bibliographique ❶.

Citer une nouvelle source que vous créez

- Cliquez à l'endroit où vous voulez citer une source (généralement à la fin du texte provenant de la source), sous l'onglet **Références**>groupe **Citations et bibliographie**, cliquez sur le bouton **Insérer une citation** ❷, puis sur Ajouter une nouvelle source...

- Complétez les informations sur la source : dans la zone <Type de source> sélectionnez *Ouvrage/Section/Article de journal/Rapport....* Puis remplissez les zones d'informations bibliographiques sur la source : <Auteur>, <Titre>, <Année>, <Ville>, <Maison d'édition>.
- Pour afficher plus de zones, cochez l'option <☑ Afficher tous les champs bibliographiques>.
- Cliquez sur [OK] pour créer la source et la citer.

La citation d'une source est insérée dans un bloc de construction (ou balise) que vous voyez comme ci-contre lorsque vous cliquez dessus. Le nom de la balise peut être modifié ❶ dans le dialogue *Créer une source*.

Vous pouvez insérer un espace réservé pour citer une source que vous définirez plus tard :

- Cliquez sur le bouton **Insérer une citation**, puis sur Ajouter un espace réservé... (un point d'interrogation apparaît devant les espaces réservés source dans le Gestionnaire de source).

Les sources bibliographiques que vous créez sont enregistrées sur votre ordinateur dans un fichier `Sources.xml` (dans `C:/nom_user/AppData/Roaming/Microsoft/Bibliography`) qui contient la liste principale des sources, qui se constitue au fur et à mesure de vos citations dans vos documents.

Citer une source déjà répertoriée dans sources.xml

Vous pouvez citer à nouveau n'importe quelle source précédemment répertoriée :

- Cliquez sur le bouton **Insérer une citation**, puis sélectionnez dans la galerie des citations.
  La galerie des citations affiche la liste active : liste de toutes les citations de sources déjà effectuées dans le document actuel ou qui ont été ajoutées à l'aide de l'outil *Gérer les sources*.

CRÉER UNE BIBLIOGRAPHIE

Modifier l'affichage de la citation

Vous pouvez masquer l'auteur, l'année, le titre... définis dans une source. Par ailleurs vous pouvez mentionner la page de la source, ainsi vous pouvez citer plusieurs fois la même source à des pages différentes, par exemple (Clausewitz, 1955 p. 164) ▾ .

- Cliquez sur la flèche de droite du bloc de construction, puis sur Modifier la citation...

RECHERCHER UNE SOURCE BIBLIOGRAPHIQUE

Vous serez parfois amené à rechercher une source que vous avez citée dans un autre document en utilisant l'outil *Gérer les sources*, ou même une source à disposition d'une équipe.

- Sous l'onglet **Références**>groupe **Citations et bibliographie**, cliquez sur le bouton **Gérer les sources**.

Liste principale : liste les citations faites dans le document actuel, plus toutes les citations qui ont été faites précédemment dans vos autres documents.

Liste active : liste les citations disponibles directement dans le document actuel. Ce sont des citations déjà effectuées dans le document ou ajoutées avec le Gestionnaire de source.

Dans les listes, les sources sont classées dans l'ordre choisi en ❷. Un point d'interrogation (?) apparaît devant les noms des espaces réservés source dans la liste active.

Pour rechercher une source dans la liste principale, procédez comme suit :

- Dans la zone <Rechercher> ❶ : saisissez le titre ou l'auteur de la source recherchée. La liste s'affine dynamiquement pour correspondre à votre critère de recherche.
- Dans la zone <de tri> ❷ : sélectionnez un tri par auteur, par titre, par nom de balise de citation, ou par année et recherchez la source dans la liste résultante.
- Utilisez le bouton [Copier] pour copier une source de la liste principale vers la liste active. Utilisez le bouton [Supprimer] pour supprimer la source sélectionnée de la liste. Utilisez le bouton [Nouveau] pour créer une nouvelle source bibliographique.

Vous pouvez cliquer sur le bouton [Parcourir] dans le dialogue *Gestionnaire de source* pour sélectionner une autre liste principale que votre fichier `Source.xml`, contenant dans un format XML des sources à citer. Par exemple, un fichier situé sur un partage : ordinateur d'un collègue, serveur d'une organisation, d'un institut de recherche, site Web d'une université...

MODIFIER UNE SOURCE DE CITATION

- Onglet **Références**>groupe **Citations et bibliographie**, cliquez sur le bouton **Gérer les sources**, dans la zone <Liste active> : sélectionnez la source à modifier et cliquez sur [Modifier], ou dans le document cliquez sur la source citée, cliquez sur la flèche à droite du bloc de construction, puis sur la commande Modifier la source...

CRÉER UNE BIBLIOGRAPHIE

- Effectuez les modifications, cliquez sur [OK] pour enregistrer les informations sur cette source.

Si vous avez créé un espace réservé source, vous devez compléter ultérieurement les informations bibliographiques de la source. Les modifications apportées seront reflétées automatiquement dans la bibliographie, si vous en avez déjà inséré une dans le document.

- Dans le document, cliquez droit sur la balise d'espace réservé, puis sur Modifier la source..., ou dans le *Gestionnaire de source* : cliquez sur le nom d'espace réservé, puis sur [Modifier...].

- Complétez les informations sur la source, le <Type de source>, les zones d'information bibliographique, utilisez le bouton [Modifier] pour compléter le champ <Auteur> au lieu d'avoir à le saisir dans le format approprié.
- Cliquez sur [OK] pour enregistrer les informations de cette source.

INSÉRER LA BIBLIOGRAPHIE

Vous pouvez insérer la bibliographie des sources citées dans un document. Les citations d'espace réservé n'apparaissent pas dans la bibliographie, tant qu'elles ne sont pas complétées.

- Placez le point d'insertion à l'emplacement où vous voulez insérer la bibliographie, généralement à la fin du document, sous l'onglet **Références**>groupe **Citations et bibliographie**, cliquez sur le bouton **Bibliographie**.

- Cliquez sur un format prédéfini de bibliographie ❶ pour insérer la bibliographie dans le document. Elle s'insère dans un bloc de construction. Ce bloc pourra être mis à jour facilement si vous ajoutez ou modifiez des sources actives dans le document.

AUTOMATISATION

4

MISE EN FORME AUTOMATIQUE

Des mises en forme peuvent s'appliquer automatiquement lors de la frappe. Word fournit également une fonction remise en forme automatique d'un document existant.

MISE EN FORME AUTOMATIQUE LORS DE LA FRAPPE

■ Cliquez sur l'onglet **Fichier** puis sur **Options**, sélectionnez **Vérifications**, sous Options de correction automatique cliquez sur [Options de correction automatique], puis cliquez sur l'onglet Lors de la frappe.

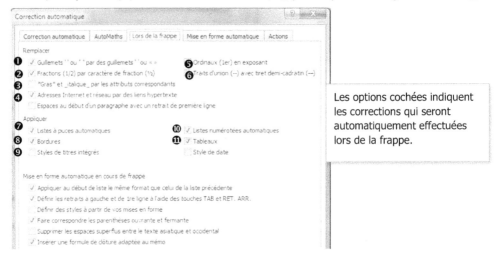

Les options cochées indiquent les corrections qui seront automatiquement effectuées lors de la frappe.

❶ Remplace les guillemets " " par les guillemets typographiques « ».

❷ Met en forme automatiquement les fractions : 1/4 devient ¼.

❸ Met la saisie `*mot*` en gras et `_mot_` en italique.

❹ Transforme en liens hypertextes les adresses réseau et les adresses Internet.

❺ Met en forme automatiquement les nombres ordinaux : `1er` devient 1er.

❻ Remplace deux tirets consécutifs par un tiret demi-cadratin.

❼ Crée des listes à puces lorsque vous débutez un paragraphe par : astérisque (*), trait d'union, supérieur à (>), ou (->) ou (=>) suivi d'un espace ou d'une tabulation.

❽ Applique une bordure inférieure au paragraphe précédent si vous tapez 3 fois le caractère : trait d'union (-), signe égal (=), astérisque (*), tilde (~), dièse (#) suivi de ⏎.

❾ Applique au texte les styles de titres intégrés, tels que *Titre 1*, lorsque vous tapez une ligne de texte sans point final, puis appuyez deux fois sur ⏎.

❿ Crée une liste numérotée lorsque vous débutez un paragraphe par un nombre 1 suivi d'un des caractères .) - > ⇥ (tabulation) puis d'un espace et d'un texte.

⓫ Crée un tableau avec une colonne par paire de +, si vous tapez +----+----+, puis ⏎.

En cours de saisie, refuser ou stopper une correction faite automatiquement par Word

■ Vous pouvez annuler la correction automatique, en cliquant sur le bouton **Annuler** ou Ctrl+Z.

■ Si une balise s'affiche à proximité de la correction après la correction automatique, vus pouvez annuler ponctuellement ou stopper : cliquez sur la balise 🔲, puis sur Annuler ou sur Arrêter.

REMISE EN FORME AUTOMATIQUE D'UN DOCUMENT EXISTANT

Définissez les options de mise en forme automatique

La mise en forme automatique fait de son mieux pour appliquer un style à chaque paragraphe (corps du texte, retrait 1re ligne...), supprimer les marques de paragraphe superflues, et remplacer les retraits créés avec des espaces/tabulations par des retraits de paragraphe.

MISE EN FORME AUTOMATIQUE

Elle insère des puces à la place des astérisques (*), des traits d'union (–) ou de tout autre caractère utilisé pour mettre en forme la liste : > -> => suivi d'un espace ou d'une tabulation.

- Dans le dialogue *Correction automatique*, cliquez sur l'onglet **Mise en forme automatique**

Les options cochées indiquent les mises en forme qui seront effectuées lors de la mise en forme automatique du document.

Lancer la mise en forme automatique

L'outil *Mise en forme automatique* qui sert à effectuer une remise en forme de tout le document n'est pas sur le ruban de Word 2010, vous devez l'ajouter à la barre d'outils *Accès rapide* (pour cela, procédez comme sur la page suivante).

- Cliquez sur l'outil 🔲 *Mise en forme automatique* (ajouté dans la barre d'outils *Accès rapide*).

❶ Effectue la mise en forme directement sur le document.

❷ Insère des marques de révision de mise en forme.

❸ Permet d'accéder au dialogue de modification des options de Mise en forme automatique.

- Cliquez sur [OK] pour effectuer la mise en forme automatique.
- Si vous avez choisi la deuxième option ❷, le dialogue suivant s'affiche.

Vous pouvez accepter ou refuser toutes les modifications.

Si vous cliquez sur [Réviser les modifications...], vous pourrez passer d'une modification à une autre par les boutons [Rechercher] et vous pourrez refuser telle ou telle modification par [Refuser]. Lorsque vous aurez vérifié et éventuellement refusé certaines révisions de mise en forme, cliquez sur [Annuler] pour revenir au dialogue précédent, dans lequel vous pouvez décider d'accepter tout ou de refuser tout pour appliquer les modifications qui n'ont pas été refusées.

Le bouton [Style automatique...] permet d'appliquer un autre modèle de styles.

INSERTION AUTOMATIQUE

Une insertion automatique est un texte ou une image que vous voulez réinsérer souvent, par exemple une clause de contrat standard ou une formule de politesse, en saisissant simplement une abréviation ou en le sélectionnant dans une liste (galerie).

Pour créer une insertion automatique, vous pouvez vous servir des commandes *QuickPart* ou de deux outils que vous pouvez ajouter sur la barre d'outils *Accès rapide*.

- Pour ajouter les outils d'insertion automatique : cliquez sur la flèche à droite de la barre d'outils *Accès rapide*, puis sur Autres commandes... Dans la zone <Choisir les commandes dans les catégories suivantes> : sélectionnez *Toutes les commandes*, puis ajoutez les deux outils : Insertion automatique et Créer une insertion.

CRÉER UNE INSERTION AUTOMATIQUE

- Sélectionnez un texte que vous voulez mémoriser dans une insertion automatique (pour mémoriser la mise en forme du paragraphe incluez la fin du paragraphe) puis, sous l'onglet **Insertion**>groupe **Texte**, cliquez sur le bouton **Quickpart**, puis sur la commande Enregistrer la sélection dans la galerie de composants QuickPart... ou cliquez sur l'outil *Créer une insertion* sur la barre d'outils *Accès rapide* ou appuyez sur Alt + F3.

Le <Nom> servira d'abréviation : saisissez l'abréviation suivie de F3 pour insérer le texte ou l'image mémorisé dans l'insertion automatique.

Le choix de la <Galerie> définit dans quelle galerie sera accessible le bloc de construction pour sa réutilisation : Sélectionnez *Insertion automatique*.

- Dans <Nom> : saisissez un nom pour le bloc ou plutôt une abréviation mnémonique, ce qui sera plus pratique, dans <Catégorie> : sélectionnez la catégorie ou créez une catégorie, dans <Description> : saisissez un texte descriptif, cliquez sur [OK].

Dans <Enregistrer dans> choisissez *Building Blocks.dotx* (le bloc sera disponible depuis n'importe quel document), ou *Normal.dotm* ou un des modèles proposés (modèles ouverts à ce moment).

UTILISER UNE INSERTION AUTOMATIQUE

- Placez le point d'insertion, puis saisissez le nom de l'insertion, et appuyez sur F3, ou sous l'onglet **Insertion**> groupe **Texte** cliquez sur **QuickPart** puis sur Insertion automatique, ou cliquez sur l'outil *Insertion automatique* (sur la barre *Accès rapide*), puis sélectionnez l'insertion dans la galerie sous la catégorie que vous avez spécifiée à la création.

MODIFIER LE TEXTE D'UNE INSERTION AUTOMATIQUE

- Insérez le texte de l'insertion automatique, modifiez-le, puis sélectionnez le texte et créez l'insertion automatique sous le même nom dans la même galerie comme décrit précédemment.

SUPPRIMER UNE INSERTION AUTOMATIQUE

- Cliquez sur le bouton **QuickPart** puis sur Insertion automatique ou sur Insertion automatique (sur la barre d'outils *Accès rapide*), cliquez droit sur l'insertion puis sur Organiser et supprimer... Le dialogue *Organisateur de blocs de construction* s'affiche avec le nom du bloc sélectionné, cliquez sur le bouton [Supprimer], confirmez en cliquant sur [Oui], puis cliquez sur [Fermer].

TEXTES ET OBJETS LIÉS

On peut insérer dans un document des liens vers du texte ou un objet (tableau Excel, graphique...) d'un autre fichier. Les données sont stockées dans le fichier source, le document cible stocke seulement l'emplacement du fichier source et affiche une représentation des données liées.

INSÉRER UN OBJET LIÉ

- Lancez l'application qui a servi à créer le fichier source, sélectionnez l'objet à copier, sous l'onglet **Accueil**>groupe **Presse-papiers**, cliquez sur le bouton **Copier** ou Ctrl +C.
- Dans le document cible, placez le point d'insertion à l'endroit où vous voulez insérer le lien, cliquez sur la **flèche** du bouton **Coller** puis sur Collage spécial..., activez l'option <⊙ Coller avec liaison>, dans <En tant que> : sélectionnez un format, cliquez sur [OK].

Dans cet exemple, une diapositive PowerPoint a été copiée, et sera collée avec liaison sous forme d'image dans un document Word.

Un lien vers un objet est un champ {LINK}, exemple {LINK PowerPoint.Slide.8 "G:\\Tsoft\\Chap01-intro.ppt" "261" \a \p}.

INSÉRER UN TEXTE LIÉ

Si vous souhaitez insérer avec liaison un texte partiel d'un autre document, il faut que vous définissiez auparavant un signet sur ce texte. Puis vous insérez le texte lié de la façon suivante :

- Onglet **Insertion**>groupe **Texte**, cliquez sur la **flèche** du bouton **Objet**, puis sur Texte d'un fichier, sélectionnez le fichier document puis cliquez sur le bouton [Plage] et saisissez le nom du signet [OK], cliquez sur la flèche du bouton [Insérer], puis cliquez sur Insérer comme lien.

La mise en forme du texte copié est celle du document destination, de même pour les styles lorsqu'ils portent le même nom dans les documents source et cible. Un lien vers un texte est un champ {INCLUDETEXT...}.

METTRE À JOUR LES LIAISONS

Les liaisons peuvent être mises à jour de façon automatique ou manuelle. Par défaut, la méthode de mise à jour d'une liaison est automatique : les données liées sont mises à jour dès que les données source sont modifiées si le fichier destination est ouvert, et Word vous propose de mettre à jour les liaisons automatiques à l'ouverture du document.

Empêcher Word de faire la mise à jour des liens à l'ouverture des documents

- Cliquez sur l'onglet **Fichier** puis sur **Options**, puis sur *Options avancées*, sous Général décochez la case <☐ Mise à jour des liaisons à l'ouverture>.

Rendre manuelle la mise à jour de certaines ou de toutes les liaisons

- Ouvrez le document contenant les liaisons, cliquez sur l'onglet **Fichier** puis, dans le panneau de droite, cliquez sur Modifier les liens d'accès aux fichiers (cette commande n'est proposée que si les liaisons existent), le dialogue *Liaisons* s'affiche. Sélectionnez les liaisons à rendre manuelle, activez l'option <⊙ Mise à jour manuelle>, cliquez sur [OK].

Mettre à jour manuellement les liaisons

Vous pouvez les mettre à jour de la façon suivante :

- Pour mettre à jour un texte ou objet lié : sélectionnez-le et tapez sur la touche F9 ou cliquez droit dessus, puis sur la commande contextuelle Mettre à jour les liaisons.

TEXTES ET OBJETS LIÉS

■ Pour mettre à jour plusieurs liaisons à la fois : cliquez sur l'onglet **Fichier** puis, dans le panneau de droite, cliquez sur <u>Modifier les liens d'accès aux fichiers</u>. Dans le dialogue *Liaisons* sélectionnez les liaisons (clic sur la première, ⇧+clic sur la dernière) et cliquez sur [Mettre à jour].

GESTION DES LIAISONS

Modifier les données source

Si vous modifiez les données dans le document cible, vos modifications seront perdues lors de la prochaine mise à jour du lien. Il faut modifier les données dans le document source :

■ Cliquez droit sur les données liées, puis sur Objet xxx Lié, puis sur la commande Liaisons...
Le dialogue *Liaisons* s'affiche avec la liaison sélectionnée : cliquez sur le bouton [ouvrir la source], l'application qui a servi à créer le fichier source est activée, le document source est ouvert, modifiez le document, puis enregistrez et fermez le document source.

Les données liées ont été mises à jour si la mise à jour est automatique, sinon appuyez sur F9.

Une exception : dans le cas de texte inclus par le champ { INCLUDETEXT }, vous pouvez modifier le texte dans le document cible, puis Ctrl+⇧+F7 met à jour le document source.

Changer la source d'une liaison

■ Cliquez droit sur les données liées, puis sur Objet xxx Lié, puis sur Liaisons...
Le dialogue *Liaisons* s'affiche avec la liaison sélectionnée : cliquez sur le bouton [Modifier la source], sélectionnez un autre fichier, cliquez sur [Élément], saisissez un nom de signet ou une référence de plage (pour une diapositive PowerPoint, son numéro), cliquez sur [OK].

■ Cliquez sur [Ouvrir], cliquez sur [OK].

Si l'emplacement du fichier source est changé, après avoir affiché les codes de champ par Alt+F9, vous pouvez faire un remplacement textuel du chemin d'accès par le nouveau chemin d'accès.

Rompre une liaison

Les données liées restent dans la cible, mais deviennent indépendantes des données source.

■ Cliquez droit sur le texte ou l'objet lié, puis sur Objet xxx Lié, puis sur Liaisons..., le dialogue *Liaisons* s'affiche avec la liaison sélectionnée : cliquez sur le bouton [Rompre la liaison], confirmez en cliquant sur [Oui] ou utilisez le raccourci clavier : Ctrl+⇧+F9.

Verrouiller des liaisons

■ Cliquez droit sur le texte ou l'objet lié, puis sur *Objet xxx Lié*, puis sur Liaisons..., dans le dialogue *Liaisons* qui s'affiche la liaison est sélectionnée, cochez la case <☑ Verrouillée>, ou utilisez pour verrouiller Ctrl+F11 et pour déverrouiller Ctrl+⇧+F11.

INCORPORER DES OBJETS

En incorporant des objets dans Word, vous pouvez créer des documents composites comportant des informations créées avec d'autres applications (textes, tableaux et graphiques issus d'applications telles qu'Excel ou PowerPoint).

La différence avec la liaison est que les données incorporées sont enregistrées dans le document Word, il ne s'agit pas simplement d'un lien. L'information incorporée est appelée objet. On peut créer un objet incorporé de toutes pièces ou incorporer des données existantes.

INCORPORER UN NOUVEL OBJET

- Cliquez à l'endroit où vous voulez insérer l'objet, sous l'onglet **Insertion**>groupe **Texte**, cliquez sur **Objet**, le dialogue Insérer un objet s'affiche, cliquez sur l'onglet **Nouvel Objet**.

- Sélectionnez le type d'objet, puis cliquez sur [OK].

L'application source de l'objet est lancée, une fenêtre de création de l'objet s'incorpore dans le document, et les outils de l'application source remplacent ceux de Word sur le Ruban.

- Saisissez les données dans la fenêtre de l'application source de l'objet.
  Adaptez la taille de la fenêtre de l'objet incorporé au contenu à afficher.
- Pour terminer, cliquez en dehors du cadre affichant l'objet.

INCORPORER UN OBJET EXISTANT

Il est fréquent d'incorporer une diapositive PowerPoint, une plage de feuille de calcul Excel ou un dessin créé avec un outil de dessin que vous aurez installé sur votre ordinateur.

- Lancez l'application source et ouvrez le document source, sélectionnez les données, copiez-les dans le Presse-papiers.
- Cliquez dans le document Word à l'endroit où vous voulez insérer l'objet, cliquez sur la **flèche** du bouton **Coller**, puis sur Collage spécial..., dans la zone <En tant que> : sélectionnez le format contenant le terme *Objet*, cliquez sur [OK].

MODIFIER UN OBJET INCORPORÉ

- Double-cliquez sur l'objet.

La fenêtre application de l'objet apparaît à la place de l'objet, les outils de l'application source remplacent ceux de Word dans le Ruban.

- Effectuez les modifications.
- Pour terminer : cliquez en dehors de la fenêtre affichant l'objet.

SUPPRIMER UN OBJET INCORPORÉ

- Cliquez en dehors de l'objet, puis cliquez sur l'objet, et appuyez sur la touche Suppr.

Un champ affiche une information ou déclenche une action. Des champs sont souvent insérés dans les documents, même si vous ne les voyez pas car ils affichent des données. Des champs servent pour fusionner des données, générer une table des matières ou un index, gérer un renvoi... Dans la plupart des cas, ils sont créés par les commandes de Word, mais vous pouvez insérer des champs spécifiques par exemple pour des calculs, pour gérer un message d'invite.

AFFICHAGE DES CODES DE CHAMPS OU DES RÉSULTATS DES CHAMPS

Basculer entre l'affichage des codes et l'affichage des résultats

Quand ils sont affichés, les codes de champ apparaissent entre accolades { }.

- Pour tous les champs du document : appuyez sur [Alt]+[F9].
- Pour un seul champ : cliquez sur le champ puis appuyez sur [⇧]+[F9].

Syntaxe des codes de champ

La syntaxe des codes de champ est {CODE arguments options}.

Exemples : {AUTOTEXT Clause1 * MERGEFORMAT}, {TIME \@ "d MMMM yyyy"} {=HT*1,196 \# "# ##0,00"} où HT est un signet sur une valeur numérique.

Les codes de champ fonctionnent comme une formule qui agit sur des arguments avec des options (commutateurs). En affichage des codes, vous voyez la formule.

INSÉRER UN CHAMP

Saisir manuellement un champ

Si vous connaissez la syntaxe du code de champ :

- Appuyez sur [Ctrl]+[F9], les accolades {} s'insèrent dans le document, saisissez le champ, par exemple TITLE, ses paramètres et ses commutateurs entre les accolades puis, pour exécuter le code de champ : cliquez dans le champ entre les accolades et appuyez sur [F9].

Utiliser le dialogue Champ

- Placez le point d'insertion à l'endroit où vous voulez insérer le champ, puis sous l'onglet **Insertion**>groupe **Texte**, cliquez sur le bouton **QuickPart**, puis sur Champ...
- Sélectionnez une catégorie de champ, puis sélectionnez un nom de champ, cliquez sur le bouton [Codes de champ] pour afficher à droite la zone de saisie <Codes de champ>.

Cliquez sur [Options...] pour afficher le dialogue *Options pour les champs*, puis double-cliquez sur les commutateurs voulus, puis cliquez sur [OK].

Le code généré du champ s'inscrit dans <Codes de champ>, vous pouvez encore le modifier.

- Cliquez sur [OK] pour insérer le champ dans le document.

FORMATAGE DES RÉSULTATS DES CHAMPS

Vous pouvez mettre en forme les résultats de champs en appliquant une mise en forme de caractère au champ, pour certains champs des commutateurs permettent de gérer le format d'affichage, notamment pour les dates (\@ "d MMM yyyy") et numériques (\# "#0.00 €").

UTILISER DES CHAMPS

EXEMPLES DE CHAMPS

Exemple 1 : le champ {DATE} pour la date automatique

- Onglet **Insertion**>groupe **Texte**, cliquez sur le bouton **Date et heure**, sélectionnez un format, validez en cliquant sur [OK].

> Le champ inséré dont vous voyez la valeur résultat est {DATE \@ "d MMMM yyyy"}.
>
> Si vous insérez un champ date et heure en désactivant l'option <□ Mettre à jour automatiquement>, la date du jour est insérée sous forme de texte, mais pas sous forme d'un champ formaté.

Exemple 2 : le champ {AUTOTEXT} lien vers un composant QuickPart

Au lieu d'insérer un composant QuickPart (bloc de construction), vous pouvez insérer un champ lien {AUTOTEXT} vers ce même composant dans différents documents.

- Cliquez sur le bouton **QuickPart**, puis sur Champ..., choisissez la catégorie *Liaisons et renvois*, le nom de champ *InsertionAuto*, et sélectionnez le nom du composant (par exemple *Clause1*)

Un champ lien vers le composant QuickPart est inséré {AUTOTEXT Clause1 * MERGEFORMAT}. En cas de modification du composant, la mise à jour du champ sera faite dans tous les documents ayant un lien vers le composant Quickpart.

Exemple 3 : le champ {ASK} invite à saisir une valeur, le champ {REF} l'affiche

Le champ ASK invite à fournir une donnée et affecte la réponse à un signet. Pour afficher cette donnée dans le document, vous devez insérer un champ {REF} qui fait référence à ce signet.

Par exemple, insérez les deux champs successifs {ASK HT "Saisir le prix HT"} {REF HT \# "#0.00 €"}, puis sélectionnez les deux champs et tapez sur F9 pour mettre à jour. Pour changer la valeur, sélectionnez les deux champs et mettez à jour.

Le champ {REF} peut être inséré plusieurs fois, la valeur saisie par {ASK} sera donc insérée plusieurs fois à différents endroits dans le document. Par exemple, dans un contrat, le champ {ASK société} permet de saisir un nom de société qui sera placé à plusieurs endroits.

Exemple 4 : le champ {=(formule)} pour une formule de calcul

Lorsque vous insérez une formule dans une cellule de tableau en cliquant sur le bouton **Formule** (onglet **Outils de tableau/Disposition**>groupe **Données**), c'est un champ formule qui est inséré, par exemple {=A3*B3 \# "# ###,00 €"} où A3 et B3 sont des références à des cellules.

Pour saisir une formule dans le texte en dehors d'un tableau :

- Cliquez sur le bouton **QuickPart**, puis sur Champ..., choisissez la catégorie *Équations et formules*, le nom de champ *=(formule)*, cliquez sur le bouton [Formule], saisissez la formule (par exemple =HT*1,196) et choisissez le format d'affichage, cliquez sur [OK]. Le champ est {=HT*1,196 \# "# ##0,00"} où HT est un signet contenant une valeur numérique.

Exemple 5 : le champ {FILLIN} pour saisir un texte placé dans le document

Le champ FILLIN, par exemple {FILLIN "saisissez l'objet de votre courrier"}, lorsqu'il est mis à jour par F9, vous invite à taper un texte qui s'affichera à l'endroit du champ. Lorsque vous créez un document à partir d'un modèle qui contient des champs FILLIN, vous aurez à cliquer sur chaque champ afin de saisir les informations attendues.

UTILISER DES CHAMPS

Exemple 6 : le champ {IF} insère un texte différent selon une condition

La syntaxe est {IF Expression1 Opérateur Expression2 TexteVrai TexteFaux}.

- Les expressions : champ de fusion, nom de signet, chaîne de caractères, numéro, formule mathématique. Placez entre guillemets les expressions qui renferment des espaces.
- Les opérateurs de comparaison : = Égal à, <> Différent de, > Supérieur à, < Inférieur à, >= Supérieur ou égal à, <= Inférieur ou égal à.
- TexteVrai/TexteFaux : texte qui s'affiche lorsque la comparaison est vraie/fausse.

MISE EN ÉVIDENCE DES CHAMPS EN GRISÉ

Par défaut, Word affiche les résultats de champs de manière transparente avec le contenu du document afin que le lecteur du document ne se rende pas compte de la présence de champs.

Vous pouvez mettre en évidence les champs à l'affichage pour les différencier du reste.

- Cliquez sur l'onglet **Fichier** puis sur **Options**, puis sur *Options avancées*. Sous Afficher le contenu du document, dans <Champs avec trame>, sélectionnez :
  - *Toujours* : différencie les champs du reste du contenu du document
  - *Jamais* : ne différencier pas les champs du reste du contenu
  - *Lors de la sélection* : différencie seulement le champ sur lequel vous avez cliqué

Lorsque vous sélectionnez *Lors de la sélection*, le champ affiche une trame grisée lorsque vous cliquez dessus. Cependant, cette trame n'indique pas que le champ est sélectionné. Lorsque vous sélectionnez le champ en double-cliquant dessus ou en déplaçant la souris, une surbrillance indiquant la sélection vient s'ajouter à la trame.

MISE À JOUR DES CHAMPS

La plupart des champs ne se mettent pas à jour automatiquement, par exemple les index, les renvois à des pages, les autotext, les formules... doivent être mis à jour manuellement si le document a été remanié.

Se déplacer de champ en champ

- Pour aller au champ suivant : |F11|, ou au champ précédent : |⇧|+|F11|.

Mettre à jour les champs manuellement

- Placez le curseur dans un champ que vous voulez mettre à jour, ou sélectionnez la partie du document contenant les champs à mettre à jour, ou tout le document, puis appuyez sur |F9|.

Mettre à jour les champs lors de l'impression

Il peut être important, pour la cohérence d'un document imprimé, que les champs aient tous été actualisés au moment de l'impression. Vous pouvez pour cela définir une option :

- Cliquez sur l'onglet **Fichier** puis sur **Options**, puis sur *Affichage*, enfin sous Options d'impression cochez la case <☑ Mettre à jour les champs avant l'impression>, cliquez sur [OK].

Remplacer le champ par son résultat

Le champ est remplacé par son résultat et ne sera plus mis à jour.

- Placez le curseur dans le champ, appuyez sur |Ctrl|+|⇧|+|F9| .

Verrouiller/Déverrouiller un champ

Pour empêcher qu'un champ soit mis à jour, vous pouvez le verrouiller.

- Cliquez dans le champ, puis pour verrouiller : |Ctrl|+|F11|, pour déverrouiller : |Ctrl|+|⇧|+|F11| .

CRÉER ET UTILISER UN MODÈLE ÉLABORÉ

Il vous sera pratique de créer vos lettres à partir d'un modèle prévoyant des emplacements ou des champs pour l'adresse du destinataire, la date, la formule de politesse. La plupart des modèles fournis sur Office.com incluent des champs invite de saisie, il suffit de cliquer sur le champ puis de saisir votre texte de remplacement.

CRÉER VOTRE MODÈLE À PARTIR D'UN MODÈLE EXISTANT

Utilisez par exemple le modèle `Lettre de suivi(Client)` disponible sur Microsoft Office Online.

Le téléchargement de modèle depuis Microsoft Office.com est réservé aux utilisateurs travaillant sur une version authentique d'Office. La vérification est faite au moment du téléchargement.

- Cliquez sur l'onglet **Fichier** puis sur **Nouveau**, sous la rubrique **Microsoft Office.com** cliquez sur la catégorie *Lettre*, puis sur la sous-catégorie *Professionnel*, puis sur *Lettre publicitaire*, puis *Lettre de suivi (Client)*, cliquez sur [Téléchargement].
- Supprimez les paragraphes dont vous n'avez pas besoin, appliquez votre mise en forme, modifiez ou supprimez l'en-tête ou le pied de page.... Supprimez les champs invite de saisie figurant entre [ ], dont vous n'avez pas besoin... Créez vos propres invites de saisie.
- Enregistrez le document au format modèle sous le nom `Lettre1.dotx` (par exemple) dans le dossier `Templates` (un raccourci figure dans les *Favoris*) pour pouvoir être utilisé facilement.

Les champs invite de saisie ❶ entre [ ] sont destinés à être remplacés par la saisie de vos propres informations.
La date ❷ est un champ qui s'actualise automatiquement en fonction de la date système.

- Fermez le fichier : cliquez sur l'onglet **Fichier** puis sur **Fermer**.

CRÉER UN DOCUMENT À PARTIR DU MODÈLE

- Cliquez sur l'onglet **Fichier** puis sur **Nouveau**, puis sur *Mes Modèles...* Dans le dialogue sélectionnez le modèle `Lettre1.dotx` que vous avez créé. Un nouveau document nommé `DocumentN.docx` est créé à partir du contenu du modèle.
- Pour chaque champ invite de saisie ❶, cliquez dessus puis saisissez le texte....

INSÉRER UN CHAMP INVITE DE SAISIE

- Tapez `Ctrl`+`F9` pour insérer les { } entre lesquelles vous saisirez le code d'une macro.
- Saisissez `MACROBUTTON titi [Nom de l'animal]`, mettez **[Nom de l'animal]** en gras, puis tapez sur `F9`. Le code de champ est remplacé par l'invite de saisie entre crochets et en gras.
- Pour réafficher le code de champ en vue de changer le texte entre [ ], cliquez dans le champ, puis sur `Maj`+`F9`.

Peu importe le nom donné à la macro (dans l'exemple `titi`), du moment que ce n'est pas le nom d'une vraie macro.

CRÉER ET UTILISER DES COMPOSANTS QUICKPART

La galerie de composants QuickPart est une bibliothèque dans laquelle vous pouvez créer, stocker et rechercher des éléments de contenu réutilisables, notamment les insertions automatiques, des propriétés de document telle que le titre et l'auteur, et des champs.

CRÉER ET UTILISER UN BLOC DE CONSTRUCTION

Un bloc de construction contient du texte et des objets, que vous pouvez insérer facilement dans un document, ils sont accessibles dans la galerie *QuickPart*.

Créer un bloc de construction

■ Dans un nouveau document, saisissez et disposez les textes, les champs et les objets qui vont constituer le bloc de construction. Sélectionnez ce bloc d'informations, sous l'onglet **Insertion**> groupe **Texte**, cliquez sur le bouton **QuickPart**, puis sur Enregistrer la sélection dans la galerie de composants QuickPart... Dans le dialogue *Créer un nouveau bloc de construction* : renseignez le descriptif, en particulier le nom Lettre1, cliquez sur [OK].

Insérer le bloc de construction

■ Dans un document, sous l'onglet **Insertion**>groupe **Texte**, cliquez sur le bouton **QuickPart**, cliquez sur le bloc Lettre1 que vous avez créé qui est en début de galerie *QuickPart*.

GÉRER LES BLOCS DE CONSTRUCTION

Les blocs de construction sont utilisables dans tous les documents sur lesquels vous travaillez. Il existe un moyen de les organiser.

■ Sous l'onglet **Insertion**> groupe **Texte**, cliquez sur le bouton **QuickPart**, puis sur Organisateur des blocs de construction... Les blocs que vous avez créés sont classés dans la galerie *QuickPart*.

■ Vous pouvez modifier les propriétés d'un bloc de construction, en particulier modifier la catégorie sous laquelle un bloc sera listé dans la galerie QuickPart.

ENREGISTRER ET EXÉCUTER UNE MACRO

Une macro est une séquence d'actions qui s'effectue automatiquement sur un document. Le moyen le plus simple pour créer une macro consiste à effectuer les actions en demandant à Word de les enregistrer. Pour des macros plus complexes, il faut utiliser le langage de programmation *Visual Basic for Applications* (sujet non traité dans cet ouvrage).

ENREGISTRER UNE MACRO

- Si la macro doit s'appliquer à une sélection, sélectionnez un paragraphe ou un bloc, puis sous l'onglet **Développeur**>groupe **Code**, cliquez sur le bouton **Enregistrer une macro**, ou cliquez sur le bouton 🔲 *Enregistreur de macro* sur la barre d'état.

- ❶ Saisissez un nom pour la macro.
- ❷ Cliquez si vous voulez affecter la macro à un outil sur la barre d'outils *Accès rapide*.
- ❸ Cliquez si vous voulez affecter la macro à un raccourci clavier.
- ❹ Choisissez d'enregistrer la macro soit dans un modèle soit dans le document (une macro enregistrée dans le modèle `Normal.dotm` sera toujours accessible car ce modèle est toujours ouvert).
- ❺ Saisissez un descriptif.

- Cliquez sur [OK] pour démarrer l'enregistrement des actions.
- Effectuez les opérations à mémoriser.
- Pour arrêter l'enregistrement de la macro : onglet **Développeur**>groupe **Code**, cliquez sur le bouton **Arrêter l'enregistrement** sur le Ruban ou cliquez sur le bouton ⊿ dans la barre d'état.

Vous pouvez aussi suspendre l'enregistrement de la macro pour effectuer des actions indépendantes, puis reprendre l'enregistrement. Pour cela cliquez sur le bouton **Suspendre l'enregistrement** sur le Ruban et cliquez à nouveau sur cet outil pour reprendre l'enregistrement.

EXÉCUTER UNE MACRO

- Cliquez à l'endroit voulu dans le document, ou sélectionnez un partie du document si la macro doit s'appliquer à une sélection, puis exécutez l'une des actions suivantes :
- Tapez le raccourci clavier associé à la macro, si vous avez affecté la macro à un raccourci ;
- Cliquez sur l'outil, si vous avez affecté la macro à un outil de la barre d'outils *Accès rapide* ;
- Onglet **Développeur**>groupe **Code**, cliquez sur le bouton **Macros** ou appuyez sur Alt + F8 , puis sélectionnez la macro et cliquez sur le bouton [Exécuter].

VISUALISER LE CODE DE LA MACRO

- Onglet **Développeur**>groupe **Code**, cliquez sur le bouton **Macros** ou appuyez sur Alt + F8 , puis sélectionnez la macro et cliquez sur le bouton [Modifier].

La fenêtre *Code* affiche le code de la macro entre les deux instructions `Sub` et `End sub`.

TRAVAILLER
EN COLLABORATION

5

COMMENTAIRES

Les commentaires, faits par les différents relecteurs, apparaissent dans des couleurs différentes pour chaque relecteur et sont numérotés par les initiales du relecteur suivi d'un numéro.

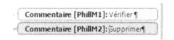

INSÉRER DES COMMENTAIRES

Avant d'insérer vos commentaires, vérifiez vos initiales et votre nom : onglet **Révision**>groupe Suivi, cliquez

sur la **flèche** du bouton **Suivi des modifications**, cliquez sur Changer le nom d'utilisateur... modifiez le cas échant les valeurs inscrites dans <Nom d'utilisateur> et <Initiales>.

- Placez le point d'insertion à l'endroit où vous voulez insérer un commentaire, onglet **Révision**> groupe **Commentaires** cliquez sur **Nouveau**. Le mot précédent est surligné, une bulle de couleur avec vos initiales apparaît dans un bandeau à droite du document en mode *Page*. Si le volet *Vérifications* est ouvert les commentaires y sont listés en mode *Brouillon* comme en mode *Page*.
- Saisissez le texte de commentaire dans la bulle de commentaire.
- Cliquez dans le corps du document pour terminer le commentaire.

Pour répondre à un commentaire

- Cliquez sur sa bulle, sous l'onglet **Révision**>groupe **Commentaires**, cliquez sur le bouton **Nouveau commentaire**, saisissez votre réponse dans la nouvelle bulle de commentaire qui s'affiche.

CONSULTER ET MODIFIER DES COMMENTAIRES

- Pour naviguer dans les commentaires : onglet **Révision**>groupe **Commentaires**, cliquez sur **Suivant** ou **Précédent**, si les commentaires sont masqués Word demande, pour les afficher, de cliquer sur [Afficher tout], s'il n'y a pas de commentaire ces boutons sont désactivés.
- Pour modifier un commentaire : cliquez à l'intérieur de la bulle du commentaire que vous souhaitez modifier, et apportez les modifications souhaitées.
- Pour voir le nom de l'auteur, la date et l'heure du commentaire, amenez le pointeur sur la bulle.
- Pour supprimer un commentaire : cliquez sur commentaire, puis sur **Supprimer**.
  Pour supprimer tous les commentaires : cliquez sur la **flèche** du bouton **Supprimer**, puis sur Supprimer tous les commentaires du document.
  Pour supprimer les commentaires d'un relecteur : cliquez sur la **flèche** du bouton **Afficher les marques**, puis sur Relecteurs..., décochez la case Tous les relecteurs puis cochez celle du relecteur, puis cliquez sur la **flèche** du bouton **Supprimer** puis sur Supprimer tous les commentaires affichés.

Afficher les commentaires dans le volet Vérifications

- Pour afficher/masquer le volet *Vérifications*, Onglet **Révision**>groupe **Suivi**, cliquez sur **Volet Vérifications**. Pour que le volet *Vérifications* soit en bas de la fenêtre plutôt que sur le côté, cliquez sur la **flèche** du bouton **Volet Vérifications**, puis sur Volet Vérifications - Horizontal.

IMPRIMER LES COMMENTAIRES

- Cliquez sur l'onglet **Fichier** puis sur **Imprimer**, le dialogue *Imprimer* s'affiche, dans la zone <Imprimer> : sélectionnez *Document avec marques* pour imprimer le document et les commentaires, ou *Liste des marques de révision* pour imprimer les commentaires séparément.

SUIVI DES MODIFICATIONS

Le mode *Suivi des modifications* permet de marquer les modifications (marques de révision) apportées au document. Les modifications sont simplement proposées dans ces marques de révision, elles restent en attente d'une acceptation ou d'un refus.

PRINCIPE DU PROCESSUS DE RÉVISION

L'auteur active le *Suivi des modifications* et enregistre une copie du document. Il transmet le fichier à un premier relecteur qui effectue ses modifications avec le *Suivi des modifications*, il transmet le fichier révisé au relecteur suivant, et ainsi de suite pour tous les relecteurs à tour de rôle. L'auteur, ayant récupéré le fichier révisé par tous les relecteurs, visualise toutes les marques de révision de tous les relecteurs pour les accepter ou les refuser.

Une variante consiste à faire une copie du document original pour chaque relecteur, l'auteur peut ensuite combiner les révisions apportées par les relecteurs dans un seul document (voir page 75).

ACTIVER OU DÉSACTIVER LE MODE SUIVI DES MODIFICATIONS

- Onglet **Révision**>groupe **Suivi**, cliquez sur le bouton **Suivi des modifications**, ou appuyez sur Ctrl + ⇧ +R, dans la barre d'état notez l'indicateur **Suivi des modifications:Activé**.
  Vous pouvez cliquer sur cet indicateur pour activer ou désactiver le *Suivi des modifications*.
- Tant que le *Suivi des modifications* est actif : les modifications font l'objet de marques de révision. Vous pouvez choisir de ne pas utiliser les marques de révision pour les modifications de mise en forme ou de déplacement de texte ou d'objet dans le document (cf. page suivante).
- Si vous désactivez le *Suivi des modifications* : les modifications apportées ensuite sont appliquées définitivement au document, elles ne font plus l'objet de marques de révision. Mais la désactivation du *Suivi des modifications* ne supprime pas les marques de révision antérieures qui restent dans le document tant qu'elles n'ont pas été acceptées ou refusées.

AFFICHAGE DES MARQUES DE RÉVISION

Lorsque vous ouvrez un document contenant des marques de révision, celles-ci sont automatiquement visibles. Si vous avez masqué les marques de révision, pour les réactiver cliquez sur le bouton ❶ **Afficher pour la révision** et choisissez *Final avec marques.*

Les marques de révision sont visibles soit dans le corps du texte soit dans des bulles placées dans un bandeau à droite ou à gauche du texte :

- Cliquez sur le bouton **Bulles**, puis choisissez *Afficher les révisions dans les bulles /toutes les révisions dans le texte/uniquement les mises en forme et les commentaires dans les bulles.*

Les bulles de révision ont une couleur différente selon le réviseur, le nom du réviseur qui a fait une modification s'affiche dans un cadre lorsque vous amenez le pointeur sur la bulle.

Ce nom est défini dans les options Word, pour le vérifier ou le changer au moment de faire ses modifications : onglet **Révision**>groupe **Suivi**, cliquez sur la **flèche** du bouton **Suivi des modifications**, cliquez sur Changer le nom d'utilisateur... Vérifiez ou modifiez <Nom d'utilisateur> et <Initiales>.

SUIVI DES MODIFICATIONS

MASQUER SÉLECTIVEMENT LES MARQUES DE RÉVISION

Le fait de masquer les marques de révision ne les supprime pas du document, simplement vous les rendez invisibles parce que vous n'avez pas besoin de les voir temporairement. Seuls l'acception ou le refus des révisions peut supprimer les marques de révision.

Masquer partiellement les révisions

Vous pouvez masquer certains types de révision pour vous intéresser temporairement aux autres :

- Cliquez sur le bouton ❶ **Afficher les marques**, puis décochez les types de révisions que vous voulez masquer.

Vous pouvez aussi choisir de masquer les révisions de certains relecteurs pour ne considérer temporairement que celles des autres relecteurs :

- Cliquez sur le bouton **Afficher les marques**, puis sur ❷**Relecteurs**..., décochez les relecteurs dont vous ne voulez pas voir les révisions (cochez ceux dont vous voulez voir les révisions).

Masquer toutes les marques de révision

Lorsqu'un document contient des marques de révision, vous pouvez l'afficher tel qu'il serait si toutes les révisions étaient acceptées ou tel qu'il était avant les révisions.

- Sous l'onglet **Révision**>groupe **Suivi**, cliquez sur le bouton
  ❶ **Afficher pour la révision**, puis choisissez :
- *Final avec marques* : affiche le document modifié mais avec les marques de révision visibles.
- *Final* : affiche le document modifié sans les marques de révision (comme si elles avaient été toutes acceptées).
- *Original avec marques* : affiche le document tel qu'il était avant les révisons mais avec les marques de révision visibles.
- *Original* : affiche le document tel qu'il était avant les révisions sans les marques de révision (comme si elles avaient été toutes refusées).

AFFICHER OU FERMER LE VOLET DES VÉRIFICATIONS

Le volet *Vérifications* permet d'afficher les marques de révision à part du texte dans un volet horizontal au bas de la fenêtre ou vertical à gauche de la fenêtre. Pour ouvrir le volet *Vérifications* :

- Onglet **Révision**>groupe **Suivi**, cliquez sur la **flèche** du bouton **Volet Vérifications**, puis choisissez *Volet vertical* / *Volet horizontal*.

❶ La barre de titre du volet indique le nombre de révisions. C'est la façon la plus simple de voir s'il reste des marques de révision ou non.

❷ Permet d'afficher ou de masquer le résumé sous la barre de titre.

❸ Met à jour le nombre de révisions.

❹ Barre de redimensionnement.

- Pour redimensionner le volet : faites glisser la barre de redimensionnement vertical/horizontal.
- Pour fermer le volet *Vérifications* : cliquez à nouveau sur le bouton **Volet Vérifications**, ou double-cliquez sur la barre de redimensionnement du volet.

En affichage *Brouillon*, le volet *Vérifications* est la seule façon d'afficher les marques de révision.

SUIVI DES MODIFICATIONS

ACCEPTER OU REFUSER LES RÉVISIONS

Pour finaliser votre document, vous devez accepter ou refuser les marques de révision, ce qui aura pour effet les faire disparaître.

Accepter ou révision une modification

- Cliquez au début du document, puis onglet **Révision**>groupe **Suivi**, cliquez sur le bouton ❶ **Afficher pour la révision** puis sélectionnez *Final avec marques*.
- Cliquez sur le bouton ❷ **Suivant** dans le groupe **Modifications**, pour accéder à la modification marquée suivante, puis cliquez sur le bouton ❸ **Accepter** ou ❹ **Refuser**, ou cliquez droit sur la modification puis sur Accepter ou Refuser : la révision s'applique, la marque de révision disparaît et le point d'insertion passe automatiquement sur la marque de révision suivante.

Accepter ou refuser toutes les révisions ou les révisions affichées seulement

- Cliquez sur la **flèche** du bouton ❸ **Accepter**, puis sur Accepter toutes les modifications dans le document, ou Accepter toutes les modifications affichées.
- Cliquez sur la **flèche** du bouton ❹ **Refuser**, puis sur Refuser toutes les modifications dans le document, ou Refuser toutes les modifications affichées.

PERSONNALISATION DU SUIVI DES MODIFICATIONS

Il est possible d'une part de modifier l'aspect des marques de révision, et d'autre part de désactiver partiellement le suivi pour les modifications de mise en forme ou les déplacements de texte ou d'éléments dans le document. Pour modifier les options de suivi des modifications :

- Onglet **Révision**>groupe **Suivi**, cliquez sur la **flèche** du bouton **Suivi des modifications**, puis sur Modifier les options de suivi...

❶ Définir l'aspect des marques de révision lorsqu'elles apparaissent dans le texte.

❷ Activer/désactiver le suivi des déplacements d'un endroit à un autre dans le document et l'aspect de ces marques.

❸ Définir l'aspect des marques de révision de structure d'un tableau : cellules insérées, supprimées, fusionnées ou fractionnées.

❹ Activer/désactiver le suivi des modifications de mise en forme et l'aspect de ces marques.

❺ Définir l'utilisation des bulles, leur taille et leur position, et la présence de ligne de connexion au texte.

L'inspecteur de document permet de vérifier qu'un document ne contient plus aucune marque (révision, commentaire, annotation...), ni de texte caché. Il est prudent de le vérifier avant de transmettre le document à un tiers.

■ Ouvrez le document à inspecter si ce n'est déjà fait, cliquez sur l'onglet **Fichier**, la catégorie **Informations** est automatiquement sélectionnée. Dans le panneau central cliquez sur l'icône *Préparer pour le partage* puis sur Inspecter le document.

Le dialogue *Inspecteur de document* s'affiche.

■ Laissez toutes les options cochées de préférence, puis cliquez sur [Inspecter].

Le résultat de l'inspection s'affiche. Si l'inspecteur a trouvé des marques de révision, des commentaires, des annotations..., il propose de les supprimer tous à la fois, vous pouvez cliquer [Supprimer tout] mais vous pouvez aussi cliquer sur [Fermer] et partir vous-même à la recherche des marques à supprimer.

L'inspecteur de document est radical, il permet aussi de supprimer les propriétés, les en-têtes, pieds de page, les textes masqués. Prenez garde à ne pas supprimer des données que vous voudriez conserver.

IMPRIMER AVEC OU SANS LES MARQUES DE RÉVISION

Attention, le document est par défaut imprimé tel qu'il apparaît à l'écran, avec les marques de révision si elles ne sont pas masquées. Si vous ne voulez pas imprimer les marques affichées :

■ Cliquez sur l'onglet **Fichier** puis sur **Imprimer**, cliquez sur le premier bouton sous **Paramètres** ❶, puis cliquez sur l'option Imprimer les marques ❷ (si elle est cochée) pour la désactiver.

COMBINER LES RÉVISIONS

COMPARER UN DOCUMENT MODIFIÉ AVEC L'ORIGINAL

Si une copie du document original a été modifiée sans que le *Suivi des modifications* ait été activé, Word propose une solution qui consiste à comparer les deux documents pour reconstituer les marques de révision.

- Ouvrez la copie révisée, onglet **Révision**> groupe **Comparer**, cliquez sur le bouton ❶ **Comparer**, puis sur la commande Comparer...

    Le dialogue *Comparer des documents* s'affiche.

Si vous avez cliqué sur bouton (Plus»), il est remplacé par («Moins) et vous pouvez :
- sélectionner les types de marques de révision à reconstituer ;
- choisir de fusionner les révisions dans le document original ou dans un nouveau document (option par défaut,) ce qui est conseillé.

- Sélectionnez le document original à gauche ❷ et sélectionnez le document révisé à droite ❸. Cliquez sur [OK], les documents sont comparés.

- Les révisions ne sont pas étiquetées avec le nom du correcteur qui les a effectuées, mais avec le nom de celui qui a effectué la comparaison.
- Si les documents source original et révisé contiennent des marques de révision, elles sont considérées comme acceptées.

La fenêtre est divisée en quatre volets, ❶ le volet gauche liste le résumé des révisions, ❷ le volet central contient le document comparé avec les révisions marquées, les deux volets de droite affichent les deux documents source original ❸ et révisé ❹.

Si vous cliquez sur un cartouche d'une révision dans le volet ❶ *Résumé*, la marque de révision s'affiche dans le volet *Document comparé*.

- Enregistrez le document comparé en spécifiant un nouveau nom de fichier.

Au terme de cette comparaison, le document obtenu contient toutes les marques de révision à appliquer au document original pour obtenir le document révisé.

COMBINER LES RÉVISIONS DE PLUSIEURS RELECTEURS

Si plusieurs copies du document original ont été révisées par des relecteurs différents, il est nécessaire de regrouper les révisions des différents relecteurs.

- Onglet **Révision**> groupe **Comparer**, cliquez sur le bouton **Comparer** ❶, puis sur la commande Combiner...

COMBINER LES RÉVISIONS

Le dialogue *Combiner des documents* s'affiche.

- ■ Sélectionnez le document original à gauche ❷ et sélectionnez un document révisé à droite ❸.
- − Les documents source, original et révisé, contiennent chacun leurs propres marques de révision. Ils peuvent aussi présenter des différences l'un par rapport à l'autre, qui n'ont pas fait l'objet de marques de révision, dans ce cas des marques de révision seront reconstituées par comparaison, il convient donc de spécifier un nom de relecteur (ici `Inconnu`) pour ces marques.
- − Si vous avez cliqué sur le bouton [Plus»] ❶, vous pouvez sélectionner les types de marques de révision à reconstituer et choisir de combiner les révisions dans le document original ou dans un nouveau document (option par défaut qu'il est conseillé de conserver).
- ■ Cliquez sur [OK].

- Les marques de révision combinées conservent le nom du correcteur qui les a effectuées.
- Les révisions reconstituées par comparaison sont étiquetées avec les noms choisis par celui qui a opéré la combinaison.

La fenêtre est divisée en quatre volets, ❶ le volet gauche liste le résumé des révisions, ❷ le volet central contient le document combiné avec les révisions fusionnées des deux relecteurs, et les deux volets de droite affichent les deux documents source original ❸ et révisé ❹.

Si vous cliquez sur un cartouche d'une révision dans le volet *Résumé* ❶, la modification s'affiche dans le volet du *Document combiné* ❷.

- ■ Enregistrez le document combiné en spécifiant un nouveau nom de fichier.
- ■ Si vous avez plusieurs documents révisés, répétez la procédure en combinant le document issu de la fusion précédente avec un autre document révisé, et ainsi de suite.

Au terme de ces actions, le document obtenu contient toutes les révisions marquées des différents relecteurs. Il reste ensuite à accepter ou à refuser les marques de révision.

Une seule marque de révision de mise en forme sur une même partie de texte peut être retenue. Si deux révisions de mise en forme entrent en concurrence lors de la combinaison des révisions de deux documents, Word demande de choisir celle qu'il convient de conserver, document original ou document révisé.

COMPATIBILITÉ AVEC LES VERSIONS ANTÉRIEURES

Le format de fichier Word 2010 (ou 2007) est basé sur le langage XML, il existe quatre extensions pour les noms de fichiers Word : `.docx` pour un document, `.docm` pour un document contenant des macros, `.dotx` pour un modèle, `.dotm` pour un modèle contenant des macros. Le nouveau format de fichier est automatiquement compressé avec une technologie de compression Zip, il est automatiquement décompressé à l'ouverture du fichier.

OUVRIR UN DOCUMENT CRÉÉ AVEC UNE VERSION 2003 OU ANTÉRIEURE

Le mode compatibilité s'active à l'ouverture des documents des versions antérieures (97, 2000, 2002, 2003). La mention [Mode de compatibilité] s'affiche dans la barre de titre de la fenêtre.

Soit vous continuez à travailler en mode compatibilité, il est alors préférable d'éviter d'introduire des fonctionnalités spécifiques à Word 2010. Au moment d'enregistrer, un vérificateur vous signale si vous avez utilisé des fonctionnalités non prises en charge par les versions antérieures. L'enregistrement se fait au format des versions antérieures, l'extension `.doc` est conservée.

En mode compatibilité, certaines nouvelles fonctionnalités sont désactivées : les thèmes, les blocs de construction, les équations, les graphiques SmartArt, les graphiques Excel...

Vous convertissez le document dans la version 2010, pour accéder à toutes les fonctionnalités nouvelles de la version 2010. Pour cela, cliquez sur l'onglet **Fichier** puis sur **Enregistrer sous**, puis dans la zone <Type> sélectionnez *Document (*.docx)* et cliquez sur [Enregistrer]. Un dialogue vous prévient que la mise en forme peut changer, cliquez sur [OK]. Le document est converti et la mention [Mode de compatibilité] disparaît. L'extension devient `.docx` au moment de l'enregistrement et le document d'origine `.doc` est conservé.

ENREGISTRER UN DOCUMENT SOUS UN FORMAT ANTÉRIEUR

Si vous travaillez avec des personnes utilisant des versions 2003 ou antérieures, il faut enregistrer en mode compatible. Cliquez sur l'onglet **Fichier** puis sur **Enregistrer sous**, choisissez *Document 97-2003 (*.doc)* dans la zone <Type>. L'enregistrement se fait au format antérieur avec extension `.doc`.

Si vous avez utilisé des fonctionnalités propres à la version 2010, ces fonctionnalités seront perdues ou dégradées, par exemple les équations seront converties en texte statique, les graphiques seront convertis en image statiques.

Le vérificateur de compatibilité permet de vérifier les fonctionnalités qui seront perdues ou dégradées à l'enregistrement sous un format antérieur : cliquez sur l'onglet **Fichier** puis dans le panneau central sur l'icône *Vérifier la présence de problèmes*, enfin sur Vérifier la compatibilité.

Enregistrer les polices dans le fichier

Une option permet d'enregistrer les polices utilisées dans votre document avec le fichier afin que les autres lecteurs puissent voir et utiliser les polices de votre document, même si ces polices ne sont pas installées sur leur ordinateur. Cette option augmente la taille du fichier.

■ Cliquez sur l'onglet **Fichier** puis sur **Options**, sélectionnez la catégorie *Enregistrement*, sous **Préserver la fidélité lors du partage du document**, cochez l'option <☑ Incorporer les polices dans le fichier> et pour alléger le fichier cochez <☑ Ne pas incorporer les polices système communes>.

ENREGISTRER AU FORMAT XPS OU PDF LISIBLES SANS WORD

Vous pouvez enregistrer vos documents au format PDF (*Portable Document Format*) ou XPS (*XML Paper Specification*), après avoir installé un complément téléchargeable sur le site Microsoft.

■ Cliquez sur l'onglet **Fichier** puis sur **Enregistrer sous**, dans la zone <Type> sélectionnez *PDF(*.pdf)* ou *Document XPS(*.xps)*, cliquez sur [Enregistrer].

L'extension de nom du fichier obtenu est `.pdf` ou `.xps` selon le format choisi. Les fichiers `.pdf` se lisent avec Acrobat Reader téléchargeable gratuitement sur le site *www.adobe.fr*, les fichiers `.xps` se lisent avec une visionneuse téléchargeable gratuitement sur le site *www.microsoft.fr*.

Un formulaire contient du texte fixe ainsi que des zones à renseigner par l'utilisateur. Pour créer un formulaire, commencez par esquisser une présentation ou utilisez un formulaire existant pour vous guider. Ajoutez ensuite des contrôles de contenu.

- Si l'onglet **Développeur** n'est pas présent, activez-le dans les options de Word : cliquez sur l'onglet **Fichier** puis sur **Options**, sélectionnez la catégorie *Personnaliser le ruban*, puis cochez la case <☑ Développeur>, dans la zone de droite.

INSÉRER DES CONTRÔLES DE CONTENU

- Onglet **Développeur**>groupe **Contrôles**, cliquez sur le bouton qui insère le contrôle voulu :

Aa **Texte enrichi** : saisie d'un texte qui peut être mis en forme.

Aa **Texte** : saisie d'un texte sans mise en forme (épouse la mise en forme environnante).

Image : permet d'insérer seulement une image.

Zone de liste modifiable : propose une liste d'items mais permet aussi la saisie de texte.

Liste déroulante : propose une liste d'items, n'autorise pas la saisie.

Sélecteur de dates : permet de sélectionner une date dans un calendrier.

Galerie de blocs de construction : propose une galerie d'éléments préconstruits.

Outils hérités : insère un contrôle Active X ou un contrôle de formulaire.

Le contrôle inséré s'affiche avec un texte d'espace réservé par défaut.

INSÉRER DES CONTRÔLES HÉRITÉS

Ces contrôles sont issus des versions antérieures mais restent utilisables. Pour les insérer, cliquez sur l'outil **Outils hérités** puis cliquez sur l'outil.

Les deux premiers outils n'ont pas leur équivalent parmi les contrôles de contenu Word 2010, l'outil ❶ *Zone d'édition* permet de formater et d'insérer des zones de calcul, l'outil ❷ *Case à cocher* permet d'insérer des cases à cocher. Autre différence, les outils hérités peuvent déclencher des macros, ce qui n'est pas le cas des contrôles de contenu.

Les contrôles ActiveX sont prévus pour une programmation VBA.

Le mélange des contrôles de contenu et de contrôles hérités dans un formulaire entraîne quelques inconvénients lors de l'utilisation du formulaire. La touche fait passer d'une zone à une autre zone du même type, et pas à une zone de type différent. Le calcul automatique ou l'exécution d'une macro d'un contrôle hérité ne se déclenchent qu'en passant à une zone de même type.

MODIFIER LE TEXTE DE L'ESPACE RÉSERVÉ D'UN CONTRÔLE DE CONTENU

Chaque contrôle de formulaire occupe un espace réservé de la taille du texte, qui a été placé entre les balises du contrôle de contenu. Quand vous créez un contrôle, un texte d'espace réservé par défaut est créé, vous pouvez modifier ce texte en mode création de formulaire :

- Passez en mode *Création* : sous l'onglet **Développeur**>groupe **Contrôles** cliquez sur le bouton **Mode Création**, les contrôles apparaissent alors entre deux balises.

- Cliquez dans le texte de l'espace réservé du contrôle, modifiez le texte et mettez-le en forme.

DÉFINIR LES PROPRIÉTÉS DES CONTRÔLES DE CONTENU

- Passez en mode *Création* (comme ci-dessus), cliquez droit sur le contrôle puis sur *Propriétés...*, le dialogue *Propriétés de contrôle de contenu* s'affiche : il contient les propriétés générales et les propriétés de verrouillage, les mêmes pour tous les contrôles, et au-dessous les propriétés spécifiques du contrôle (sauf pour les images qui n'ont pas de propriétés spécifiques).

CRÉER DES FORMULAIRES

Propriétés générales

❶ Texte qui s'affiche au-dessus du contrôle lorsque le point d'insertion est dans le contrôle.

❷ Texte qui s'affiche dans les balises, visibles seulement en mode création de part et d'autre de l'espace réservé. Si vous laissez cette zone vide, la balise prend le texte du titre.

❸ Définit la mise en forme du texte saisi par l'utilisateur. Cette zone n'est active que si vous avez coché la case <☑ Utiliser un style pour mettre le contenu en forme >.

Propriétés de verrouillage

❹ Si vous cochez cette option : l'utilisateur peut modifier la zone mais il ne peut pas la supprimer.

❺ Si vous cochez cette option : l'utilisateur ne peut pas modifier la zone, mais il peut la supprimer. Ceci peut servir à inscrire dans le formulaire un texte qui peut être supprimé.

Propriétés des contenus Texte

❻ Option présente seulement pour les contrôles de texte brut, elle autorise la saisie de plusieurs paragraphes dans la zone de texte brut (pour les zones de texte enrichi, c'est toujours possible).

❼ Si vous cochez cette option, le contrôle de texte est supprimé et remplacé par le texte tapé par l'utilisateur lorsqu'il renseigne le formulaire.

Propriétés des contenus Liste déroulante

Les propriétés permettent de définir les items des listes déroulantes et de les ordonner.

■ Cliquez sur [Ajouter] ❽, dans la zone <nom complet> : saisissez le texte de l'item, cliquez sur [OK], et recommencez pour chaque item.

Les autres boutons permettent de modifier un item, d'en supprimer un, et de le monter ou le descendre dans la liste.

Propriétés des contenus Sélecteur de date

Ces propriétés servent à définir le format de la date.

– Une fois les paramètres régionaux choisis, sélectionnez dans la liste ❾ le format voulu.

– Si vous voulez définir un format personnalisé, saisissez-le dans la zone ❿.

D remplace le jour, M remplace le mois, y remplace l'année. Le nombre de lettres détermine le format long ou court.

Exemples : yy : 11, yyyy : 2011, MM : 02 , MMM : févr, MMMM : février, dd : 18, ddd : ven, dddd : vendredi.

CRÉER DES FORMULAIRES

Tester le fonctionnement des contrôles

Quittez le mode *Création* en cliquant à nouveau sur le bouton **Mode Création**, puis cliquez sur le contrôle à tester et exécutez l'action de l'utilisateur du formulaire. Annulez ensuite l'action précédente pour remettre le formulaire dans son état initial.

DÉFINIR LES PROPRIÉTÉS DES CONTRÔLES HÉRITÉS

- En mode *Création*, cliquez droit sur le contrôle, puis sur Propriétés.

❶ Chaque contrôle hérité est nommé par un signet. ❷ Cette option déclenche la mise à jour du formulaire dès que la zone a été modifiée. ❸ Vous pouvez affecter des macros à exécuter à l'entrée ou à la sortie du champ. ❹ Un contrôle *zone d'édition* peut contenir différents types de données, notamment un calcul. ❺ Une *case à cocher* peut être cochée ou non par défaut.

SUPPRIMER UN CONTRÔLE

- Passez en mode *Création* en cliquant sur le bouton **Mode Création**, puis :
- Pour un contrôle de contenu : cliquez sur sa zone de titre, puis appuyez sur ⌷Suppr⌷, ou cliquez-droit dans le contrôle puis sur Supprimer le contrôle de contenu.
- Pour un contrôle hérité : cliquez sur le contrôle, puis appuyez sur ⌷Suppr⌷.

ACTIVER LA PROTECTION DU FORMULAIRE ET ENREGISTRER COMME MODÈLE

Avant de pouvoir utiliser un formulaire, il faut activer la protection du document afin que, lors de son utilisation, le curseur se déplace de zone en zone et ignore les libellés.

- Onglet **Développeur**>groupe **Protéger**, cliquez sur le bouton **Protéger un document**.

Le volet *Protéger le document* s'affiche à droite de la fenêtre.

- Cochez l'option <☑ Autoriser uniquement ce type de modifications dans le document>, puis dans la liste déroulante au-dessous, sélectionnez *Remplissage de formulaire*.
- Cliquez sur le bouton [Activer la protection] et spécifiez éventuellement un mot de passe.
- Enregistrez le formulaire en tant que modèle.

UTILISER UN FORMULAIRE

- Créez un nouveau document basé sur le formulaire modèle, renseignez le formulaire :
- ⌷↹⌷ et ⌷Maj⌷+⌷↹⌷ passe au contrôle suivant ou précédent, ou cliquez sur le contrôle à remplir.
- Dans un contrôle *Texte*, saisissez un texte ; dans un contrôle *Sélecteur de date* : cliquez sur la flèche du contrôle puis sélectionnez la date ; dans un contrôle *Image* : cliquez sur le contrôle, le dialogue *Insérer une image* s'affiche, sélectionnez l'image ; dans un contrôle *Liste déroulante* : cliquez sur la flèche pour dérouler une liste, puis sélectionnez un item dans la liste.

ENVOYER LE DOCUMENT PAR E-MAIL

ENVOYER LE CORPS D'UN DOCUMENT SOUS FORME DE MESSAGE ÉLECTRONIQUE

Pour envoyer un document en tant que corps du message électronique (non comme pièce jointe), vous devez ajouter l'outil **Envoyer au destinataire du message** à la barre d'outils *Accès rapide*.

- Cliquez sur l'onglet **Fichier** puis sur **Options**, sélectionnez sur la catégorie *Barre d'outils Accès rapide* puis, dans la liste <Choisir les commandes dans les catégories suivantes>, sélectionnez *Toutes les commandes*, cliquez sur *Envoyer au destinataire du message*, puis sur [Ajouter] pour ajouter la commande à la barre d'outils *Accès rapide*.

Cela étant fait une fois pour toutes, envoyez le texte en tant que message comme suit :

- Cliquez sur le bouton ❶ *Envoyer au destinataire du message* dans la barre *Accès rapide*.

Une barre de messagerie est ajoutée sous le ruban, le nom du document est inscrit dans la zone <Objet>. Une zone <Introduction> est prévue pour que vous saisissiez un texte introductif.

Si vous voulez annuler l'envoi, faites disparaître la barre de messagerie en cliquant à nouveau sur le bouton *Envoyer au destinataire du message* de la barre d'outils *Accès rapide*.

- Sélectionnez ou saisissez l'adresse e-mail du destinataire. S'il y en a plusieurs, séparez-les avec des points-virgules, renseignez la zone copie <CC...>, saisissez le texte du message.
- Cliquez sur le bouton [Envoyer une copie].

ENVOYER LE DOCUMENT EN TANT QUE PIÈCE JOINTE

- Cliquez sur l'onglet **Fichier** puis sur **Enregistrer et envoyer**, dans le panneau central cliquez sur *Envoyer à l'aide de la messagerie*, puis à droite cliquez sur l'icône *Envoyer en tant que pièce jointe*.

Si vous avez installé le complément pour PDF ou XPS, téléchargeable sur `www.microsoft.fr`, vous pouvez choisir aussi d'envoyer en pièce jointe au format PDF ou en format XPS.

Word ouvre une fenêtre de message électronique.

Le document actuel est placé en pièce jointe et le nom du document est inscrit dans la zone <Objet> que vous pouvez modifier.

Sélectionnez ou saisissez l'adresse e-mail du destinataire, s'il y en a plusieurs, séparez-les avec des points-virgules, renseignez la zone copie <CC...>, saisissez le texte du message.

- Cliquez sur le bouton [Envoyer].

PROTECTION
DU DOCUMENT

CONTRÔLER L'ACCÈS À UN DOCUMENT PAR MOT DE PASSE

Vous pouvez enregistrer un document avec un mot de passe pour la lecture et un mot de passe pour la modification. Seules les personnes connaissant le premier pourront ouvrir le fichier, seules les personnes connaissant le second pourront enregistrer le fichier.

Définir un mot de passe

■ Ouvrez le document, cliquez sur l'onglet **Fichier** puis sur **Enregistrer sous**... (ou F12), le dialogue *Enregistrer sous* s'affiche : cliquez sur la flèche du bouton [Outils ▼], puis sur Options générales...

■ Saisissez un mot de passe pour la lecture ❶ et éventuellement un mot de passe pour la modification ❷, cliquez sur [OK], Word demande confirmation, retapez le mot de passe pour le lecteur, validez par [OK], retapez le mot de passe pour la modification, validez par [OK].

■ Cliquez sur [Enregistrer].

Si vous avez protégé le document avec les deux protections, les deux mots de passe sont demandés à l'ouverture du document. Si vous avez entré un seul mot de passe, seul ce mot de passe est demandé et le document une fois ouvert pourra être modifié et enregistré.

Attention : dans un mot de passe, Word fait la différence entre les majuscules et les minuscules.

Retirer la protection par mot de passe

■ Ouvrez le document, cliquez sur l'onglet **Fichier** puis sur **Enregistrer sous**... (ou F12), cliquez sur la flèche du bouton [Outils ▼], puis sur la commande Options générales...

■ Effacez le ou les mots de passe, cliquez sur [OK], puis sur [Enregistrer].

RECOMMANDER LA LECTURE SEULE

Pour éviter que les relecteurs ne modifient accidentellement un fichier, vous pouvez spécifier l'affichage d'une invite à l'ouverture du fichier qui recommande mais n'impose pas l'ouverture du fichier en lecture seule.

■ Ouvrez le document, cliquez sur l'onglet **Fichier** puis sur **Enregistrer sous**... (ou F12), cliquez sur la flèche du bouton [Outils ▼], puis sur la commande Options générales...
cochez l'option <☑ Lecture seule recommandée>, cliquez sur [OK], puis sur [Enregistrer].

■ À l'ouverture du fichier, une invite mentionne que la lecture seule est recommandée :

Si le relecteur choisit [Oui], il peut tout de même modifier le document mais il ne peut pas enregistrer les modifications sauf dans un autre fichier, sous un autre nom.

RESTRICTION DE MODIFICATION/VERROUILLAGE

RESTREINDRE LES MODIFICATIONS DE MISE EN FORME

Il est possible d'empêcher les relecteurs de modifier les styles et d'appliquer des mises en forme directes sur le document. Les relecteurs ne peuvent plus qu'utiliser les styles que vous avez autorisés pour mettre en forme le document.

- Onglet **Révision**>groupe **Protéger**, cliquez sur le bouton **Restreindre la modification**.
  Le volet *Restreindre la mise en forme et la modification* s'ouvre à droite de la fenêtre.

- Cochez l'option <☑ Limiter la mise en forme à une sélection de styles>, puis cliquez sur
  Paramètres..., le dialogue *Restrictions de mise en forme* s'affiche :

- <☑ Bloquer le changement de thème ou de jeu> : cette option empêche de changer le thème ou les jeux de polices et de couleurs via l'onglet **Mise en page**>groupe **Thème**.
- <☑ Bloquer le changement de jeu de styles rapides> : cette option empêche de changer des jeux de styles et de couleurs via les outils de l'onglet **Accueil**.
- Cliquez sur [OK], puis dans le volet *Restreindre la mise en forme*, cliquez sur le bouton [Activer la protection] et entrez un mot de passe éventuel, cliquez sur [OK].

RESTREINDRE LES MODIFICATIONS DE CONTENU

- Onglet **Révision**>groupe **Protéger**, cliquez sur le bouton **Restreindre la modification**.
  Le volet *Restreindre la mise en forme et la modification* s'ouvre à droite de la fenêtre.

- Cochez l'option <☑ Autoriser uniquement ce type de modifications dans le document> et dans la zone déroulante sélectionnez l'option :
- *Marques de révision* : toutes les modifications restent autorisées, mais seulement sous forme de marques de révision.
- *Commentaires* : seuls les commentaires sont autorisés.
- *Remplissage de formulaires* : seuls les remplissages de contrôles de formulaire sont autorisés.
- *Aucune modification* : aucune modification n'est autorisée.
- Dans le volet *Restreindre la mise en forme et la modification*, cliquez sur le bouton [Activer la protection] et entrez un mot de passe éventuel, cliquez sur [OK].

EXCEPTIONS (FACULTATIVES) AUX RESTRICTIONS

Les restrictions de mise en forme et de modifications s'appliquent à tout le document, sauf éventuellement à certaines parties du document que vous souhaitez laisser librement modifiables.

- Sélectionnez les parties du document sur lesquelles vous autorisez les modifications (pour sélectionner plusieurs parties non adjacentes utilisez la touche Ctrl).
- Sous **Exceptions (facultatif)** dans la zone <Groupe > cochez ☑ *Tout le monde*, pour autoriser tout le monde à modifier les parties sélectionnées, les autres parties du document ne seront pas modifiables avec les restrictions définies.
- Cliquez sur le bouton [Activer la protection], entrez un mot de passe éventuel, cliquez sur [OK].

Le volet *Restreindre la mise en forme et la modification* affiche de nouvelles rubriques :

- Les zones modifiables sont repérables par un fond coloré, si vous cochez l'option <☑ Mettre les zones modifiables en surbrillance>.
- Pour accéder aux zones modifiables, utilisez les boutons : [Trouver la zone modifiable suivante] et [Afficher toutes les zones modifiables] pour sélectionner toutes les zones modifiables.
- Pour cesser d'autoriser une zone modifiable, cliquez dans la zone modifiable, désactivez la protection et dans la zone <Groupes > décochez la case devant ☐ *Tout le monde.*

DÉSACTIVER LES RESTRICTIONS

- Dans le volet *Restreindre la mise en forme*, cliquez sur le bouton [Désactiver la protection]. Le mot de passe est demandé s'il a été défini à l'activation de la protection.

VERROUILLER TOUT LE DOCUMENT

Pour protéger le fichier contre des erreurs de manipulation d'un relecteur, ou pour empêcher temporairement toute modification, marquez le document comme final :

- Cliquez sur l'onglet **Fichier** puis sur **Informations**, dans le panneau central cliquez sur l'icône *Protéger le document* puis sur Marquer comme final, enregistrez le document pour enregistrer l'état.

Si vous ouvrez un document un document *marqué comme final*, aucune modification ne peut y être apportée, tant que vous n'avez pas ôté cette protection, pour cela :

- Cliquez sur l'onglet **Fichier** puis sur **Informations**, dans le panneau central cliquez sur l'icône *Protéger le document* puis sur Marquer comme final. Cette action désactive l'état *marqué comme final*, le document redevient modifiable, enregistrez le document pour enregistrer l'état.

NE VERROUILLER QUE CERTAINES PORTIONS DU DOCUMENT

Cette protection évite la modification ou la suppression de certaines mentions dans un document, à la suite d'une mauvaise manipulation (et pas d'une malveillance, car il est possible d'ôter le verrouillage facilement).

Empêcher la modification d'une portion du texte

- Sélectionnez le texte à verrouiller (pas de sélection multiple dans ce cas).
- Sous l'onglet **Développeur**>groupe **Contrôles**, cliquez sur le bouton **Grouper**, puis sur la commande Groupe.

Le texte est protégé contre les modifications, si vous essayez de le modifier, un message s'affiche au bas de la fenêtre : « Modification non autorisée car la sélection est verrouillée ». Mais il reste possible de supprimer tout le texte.

Empêcher aussi la suppression de cette portion du texte

- Cliquez dans le texte verrouillé, sous l'onglet **Développeur**>groupe **Contrôles**, cliquez sur le bouton **Propriétés**, dans l'invite *Propriétés du regroupement*, cochez <☑ Ne pas supprimer le contrôle du contenu>, cliquez sur [OK]. Le texte est alors aussi verrouillé contre la suppression.

Déverrouiller la portion du texte

- Cliquez dans le texte verrouillé, cliquez sur **Propriétés**, décochez l'option <☐ Ne pas supprimer le contrôle du contenu>, cliquez sur **Grouper**, puis sur Dissocier.

GESTION DES DROITS RELATIFS À L'INFORMATION

La gestion des droits relatifs à l'information (IRM : *Information Rights Management*) permet de spécifier des autorisations d'accès aux documents que vous diffusez, de façon à empêcher une personne non autorisée d'imprimer, transférer ou copier des informations confidentielles.

La gestion IRM nécessite l'installation des services RMS (*Rights Management Services*) ; lors de la première utilisation du service IRM dans Office, vous êtes guidé dans cette installation. Cette installation requiert l'accès à un serveur de licence. Microsoft offre sur Internet un service de licence que vous pouvez utiliser en vous identifiant avec votre LiveID, vous autoriserez alors les autres utilisateurs par leur LiveID.

CONTRÔLE DES DROITS À L'OUVERTURE DU DOCUMENT

Chaque fois qu'une personne ouvre un fichier à autorisation limitée, Microsoft Office envoie son identification au serveur de licence et une licence d'utilisation est téléchargée sur l'ordinateur de cette personne, définissant ses droits IRM.

Si la personne n'est pas autorisée pour le document, un message s'affiche pour lui permettre de demander l'autorisation nécessaire à l'auteur. Si l'autorisation lui est refusée, elle reçoit un message d'avertissement.

ATTRIBUER DES DROITS IRM

- Cliquez sur l'onglet **Fichier**, la catégorie **Informations** est sélectionnée dans le panneau de gauche ; dans le panneau central, cliquez sur l'icône *Protéger le document* puis sur **Restreindre l'autorisation par les personnes,** cliquez enfin sur Gérer les informations d'identification (si les services RMS ne sont pas encore installés sur votre ordinateur, vous êtes guidé pour le faire).

❶ Cochez l'option <☑ Restreindre l'autorisation à ce document>.

❷ Saisissez les adresses de messagerie des utilisateurs dans les zones d'autorisation de lecture ou de modification, ou utilisez les liens Lire... ou Modifier... pour sélectionner les noms dans le carnet d'adresses.

❸ Cliquez sur ce bouton (si vous disposez de l'autorisation contrôle total) pour définir une date d'expiration du document, éventuellement conférer le niveau contrôle total à une autre personne...

- Cliquez sur [OK] puis enregistrez le document.

La barre des messages apparaît, elle indique que le document est géré par des droits. Si vous avez besoin de modifier des autorisations d'accès au document, cliquez sur [Modifier l'autorisation].

Niveaux d'autorisation

- *Lire* : autorisation de lire le document, mais interdiction de modifier/imprimer/copier.
- *Modifier* : autorisation de lire/modifier/enregistrer, mais interdiction de copier/imprimer.
- *Contrôle total* : l'auteur du document a automatiquement le contrôle total, les utilisateurs qui ont aussi cette autorisation peuvent faire tout ce que l'auteur peut faire, en particulier modifier la date d'expiration ou changer les droits IRM. Pour attribuer une autorisation *Contrôle total* à un utilisateur, cliquez sur [Autres options...], cliquez en regard de l'utilisateur sur la flèche de la colonne *Niveau d'accès*, cliquez sur *Contrôle total* dans la liste des autorisations.

PAGES WEB ET
LIENS HYPERTEXTES

7

CRÉER DES PAGES HTML

Le format HTML est le format utilisé sur le Web ainsi que sur les intranets. Une page Web est un document au format HTML qui a la particularité de pouvoir être lu par toute personne disposant d'un navigateur Internet.

Un document Word peut être enregistré au format HTML (lisible par un navigateur tout en restant aussi lisible par Word) ou HTML filtré (expurgé des balises propres à Word, restant cependant lisible par Word, mais avec perte de fonctions).

Une page Web produite par Word en HTML est trop volumineuse pour être exploitée sur Internet. C'est pourquoi Word peut aussi produire un format d'enregistrement allégé, le HTML filtré, mais il disconvient aux règles de l'art HTML ; il en résulte qu'il est possible de rencontrer une incompatibilité avec certains navigateurs. Pour produire des pages sur un site Web opérationnel, utilisez de préférence un éditeur HTML payant ou gratuit que vous trouverez sur Internet.

AVANT D'ENREGISTRER, VISUALISER L'APERÇU DE LA PAGE WEB

Au préalable, ajoutez à la barre d'outils *Accès rapide* ou sur le Ruban, un bouton *Aperçu de la page Web* : cliquez sur l'onglet **Fichier** puis sur **Options**, puis dans *Barre d' outils Accès rapide* ou dans *Personnaliser le Ruban*, ajoutez la commande *Aperçu de la page Web*.

- Pour visualiser un aperçu du document courant comme s'il était enregistré comme une page Web, cliquez sur le bouton *Aperçu de la page Web* (ajouté à la barre *Accès rapide* ou au Ruban).

La page s'affiche dans votre navigateur Internet.

- Pour afficher le code source, cliquez droit dans la page Web, puis sur Afficher la source.

- Fermez la fenêtre pour revenir à Word.

ENREGISTRER LE DOCUMENT EN HTML

- Cliquez sur l'onglet **Fichier** puis sur **Enregistrer sous...**, choisissez un des formats Web.
- *Page Web (*.htm, *.html)* : les images sont enregistrées aux formats GIF et JPEG dans un sous-dossier nommé NomDocument_fichiers.
- *Page Web, filtrée (*.htm,*.html)* : lors de l'enregistrement, les balises XML de Word sont supprimées, le fichier est ainsi moins volumineux.
- *Page Web à fichier unique (*.mht,*.mhtml)* : les textes et les images sont enregistrés dans un seul et même fichier. Il s'agit d'un fichier de document d'agrégat, encapsulé MIME.
- Si vous voulez un titre de page différent du nom de fichier, cliquez sur [Changer de titre], tapez un titre (qui s'affichera dans la barre de titre du navigateur Web), cliquez sur [OK].
- Cliquez sur [Enregistrer].
  Le vérificateur de compatibilité vous avertit si des fonctionnalités ne sont pas prises en charge.

CRÉER DES PAGES HTML

CRÉER UNE NOUVELLE PAGE WEB

Si vous travaillez en affichage Web, seules les fonctionnalités compatibles avec HTML seront à votre disposition, ainsi vous limitez les mauvaises surprises à la conversion en HTML.

- Créez un nouveau document vierge, sous l'onglet **Affichage**>groupe **Affichage document**, cliquez sur le bouton **Web** ou cliquez sur l'icône *Web* dans la barre d'état.
- Enregistrez le document sous le nom `MonFichier1` (exemple) en format *Page Web, filtrée*, en spécifiant un titre `MaPageWeb1` (exemple), Word affiche un message vous avisant que les balises propres à Word seront supprimées, cliquez sur [Oui] pour continuer l'enregistrement.

Dans les noms de fichier HTML évitez les majuscules, les espaces, les caractères accentués et les caractères spéciaux.

- Saisissez le texte, mettez en forme le texte de la page, puis enregistrez le document.

COULEUR ET MOTIF D'ARRIÈRE-PLAN

- Onglet **Mise en page**>groupe **Arrière-plan de page**, cliquez sur le bouton **Couleur de page**, sélectionnez la couleur, les motifs et textures, par exemple les dégradés et la texture.

LIENS HYPERTEXTES

Les liens hypertextes servent à accéder à d'autres pages, à d'autres endroits dans la page, à d'autres documents, à des adresses e-mail...par un simple clic sur le lien.

Un lien hypertexte est créé dès que vous saisissez une adresse URL, par exemple `www.tsoft.fr` (cette option peut être désactivée dans les options de correction automatique).

- Pour créer un lien hypertexte : sélectionnez un texte, cliquez droit sur la sélection, puis sur Lien hypertexte..., le dialogue *Insérer un lien hypertexte* s'affiche pour définir le lien.

IMAGES ET OBJETS GRAPHIQUES

Les images et objets flottants ne peuvent être alignés que sur le bord gauche ou droit du texte, en utilisant sous l'onglet **Outils Image/Format**>groupe **Organiser** le bouton **Position**. Si vous souhaitez les placer ailleurs dans la page, vous pouvez les positionner dans un tableau.

UTILISER DES CADRES

Plusieurs cadres avec des contenus différents peuvent être affichés dans une même page Web. Chaque cadre dispose de sa propre barre de défilement et peut être redimensionné. Les cadres sont disposés à gauche ou à droite, au-dessus ou au-dessous les uns des autres.

CRÉER DES PAGES HTML

- Les commandes permettant de créer des cadres ne sont pas, par défaut, sur le Ruban. Si vous souhaitez les utiliser, vous devez les ajouter à la barre d'outils *Accès rapide* ou sur le Ruban : ajoutez les outils *Nouveau cadre à gauche*, *Nouveau cadre à droite*, *Nouveau cadre au-dessus*, *Nouveau cadre au-dessous*, ainsi que l'outil *Supprimer le cadre*, ajoutez aussi l'outil *Cadres* ▸ , suivi d'une tête de flèche (pour ajouter un cadre avec une table des matières).

Insérer un cadre

- Cliquez sur l'outil *Nouveau cadre à gauche*, un cadre s'affiche à gauche de la fenêtre Word, utilisez les autres outils pour avoir des cadres positionnés autrement.

Si vous souhaitez créer un cadre avec la table des matières :

- Cliquez sur la flèche de l'outil *Cadres* (il faut l'avoir ajouté à la barre *Accès rapide* ou au Ruban), puis sur *Table des matières dans un cadre*.

Cette commande crée un cadre à gauche, insère un champ référence {RD "Tintin.htm"\f } spécifiant le nom du document, \f spécifiant que le chemin d'accès est relatif au document en cours, puis insère un champ table des matières {TOC \h \z \n \u} (voir page 42).

Supprimer un cadre

- Cliquez dans le cadre, puis cliquez sur l'outil *Supprimer le cadre* (que vous aurez ajouté à la barre d'outils *Accès rapide* ou au Ruban).

LIGNE HORIZONTALE SÉPARATRICE

- Placez le point d'insertion en fin du paragraphe que vous voulez voir au-dessus de la ligne séparatrice, sous l'onglet **Mise en page**>groupe **Arrière-plan de page**, cliquez sur le bouton **Bordures de page**, puis dans le dialogue cliquez sur le bouton [Ligne horizontale...], double-cliquez sur une des formes de ligne proposées.

La ligne adopte initialement une longueur fixe ; pour que la ligne s'ajuste à la largeur de la fenêtre : cliquez droit sur la ligne, puis sur *Format de la ligne horizontale...*, définissez la mesure en pourcentage et définissez la largeur à 100 %.

PUCES GRAPHIQUES

- Cliquez sur la **flèche** du bouton **Puces**, puis sur *Définir une puce...*, cliquez sur le bouton [Image] et sélectionnez la puce graphique.

EFFETS DE TEXTE ANIMÉ

Vous ne pouvez pas appliquer d'effets de texte animé dans Microsoft Office Word 2010. Toutefois, un effet de texte animé créé dans une version Word 2003 ou antérieure se comportera dans Word 2010 de la même façon. Il en va de même si vous copiez dans un document .docx un texte animé d'une version Word 2003 ou antérieure.

INSÉRER DES LIENS HYPERTEXTES

Un lien hypertexte donne accès par un simple clic à un autre document, à une page Web, à un autre emplacement dans le document en cours ou un nouveau document, à une adresse e-mail. Un lien hypertexte apparaît sous forme d'un texte de couleur bleue et souligné, ou d'une image.

UTILISER UN LIEN HYPERTEXTE

Afficher l'adresse associée au lien

■ Sans cliquer, amenez le pointeur sur le lien.

Après quelques instants, une infobulle jaune affiche l'adresse associée au lien :

Suivre un lien hypertexte

■ Maintenez appuyée la touche `Ctrl` et cliquez sur le lien.

Notez qu'une fois qu'un lien hypertexte a été utilisé, sa couleur change et il devient violet.

Par défaut, les liens fonctionnent si vous appuyez sur `Ctrl` en cliquant sur le lien. Vous pouvez changer cette option afin de ne pas avoir à appuyer sur la touche `Ctrl` : cliquez sur l'onglet **Fichier** puis sur **Options**, sélectionnez *Options avancées* et, sous **Options d'édition**, décochez l'option <□ Appuyer sur CTRL puis cliquer pour suivre le lien hypertexte>.

CRÉER UN LIEN VERS UN AUTRE DOCUMENT

■ Placez le point d'insertion à l'endroit où vous voulez insérer le lien hypertexte, ou sélectionnez le texte ou l'image sur lequel vous voulez appliquer le lien, puis effectuez au choix :
  - Sous l'onglet **Insertion**>groupe **Liens**, cliquez sur le bouton **Lien hypertexte** ;
  - Cliquez droit, puis sur Lien hypertexte... ou appuyez sur `Ctrl`+K.

Le dialogue *Insérer un lien hypertexte* s'affiche.

■ Dans la zone <Lier à > ❶ : cliquez sur le bouton *Fichier ou page Web existant(e)*.

Le bouton *Fichiers récents* ❺ sert à lister les fichiers récemment utilisés.

LIEN VERS UN EMPLACEMENT DANS UN DOCUMENT WORD, EXCEL OU POWERPOINT

– Pour créer un lien vers un signet d'un document Word : sélectionnez le fichier document Word, puis cliquez sur le bouton [Signets...], sélectionnez le signet, cliquez sur [OK].

– Pour créer un lien vers une cellule/une plage Excel, sélectionnez le classeur Excel puis dans la zone <Adresse> ❻ : après le nom du fichier, tapez # suivi par la référence à la cellule ou au nom de la plage, par exemple :

```
D:\Tsoft\Ventes.xlsx#Feuil1!C3:F8 OU D:\Tsoft\Ventes.xlsx#nom_plage.
```

- Pour créer un lien vers une diapositive PowerPoint, sélectionnez le fichier PowerPoint, puis dans la zone <Adresse>❻ : après le nom du fichier, tapez # suivi du numéro de la diapositive après le nom de fichier, exemple : `D:\Tsoft\Show.pptx#12`.

CRÉER UN LIEN VERS UN EMPLACEMENT DU DOCUMENT ACTIF

- Procédez comme précédemment, mais dans le dialogue *Insérer un lien hypertexte* : dans la zone <Lier à > ❶, cliquez sur le bouton *Emplacement dans ce document*.
- Vous pouvez sélectionner un emplacement dans le document : *Haut du document* pour créer un lien qui ramène au début du document, un des titres définis dans le document, ou un des signets définis dans le document, qui apparaissent en fin de liste.

- Cliquez sur [OK].

CRÉER UN LIEN VERS UNE PAGE WEB

- Procédez comme précédemment (voir illustration page précédente), dans le dialogue *Insérer un lien hypertexte* : dans la zone <Lier à > ❶ : cliquez sur le bouton *Fichier ou page Web existant(e)*.
- Spécifiez la page selon l'une des trois façons possibles :
- Dans la zone <Adresse> : saisissez l'adresse (URL) de la page Web ;
- Cliquez sur le bouton *Page parcourues*, sélectionnez la page dans la liste des pages consultées ;
- Cliquez sur le bouton 🖳 pour accéder un navigateur Internet, affichez la page Web, réduisez la fenêtre de votre navigateur, l'adresse de la page affichée s'est inscrit dans <Adresse>.

CRÉER UN LIEN VERS UN DOCUMENT QUI N'EXISTE PAS ENCORE

- Procédez comme précédemment, mais dans le dialogue *Insérer un lien hypertexte* : dans la zone <Lier à> cliquez sur l'icône *Créer un document*.

- Saisissez un nom pour le document, saisissez un texte pour le lien, indiquez si vous voulez créer le nouveau document maintenant ou ultérieurement, cliquez sur [OK].

INSÉRER DES LIENS HYPERTEXTES

CRÉER UN LIEN VERS UNE ADRESSE DE MESSAGERIE

- Placez le point d'insertion à l'endroit où vous voulez insérer le lien, ou sélectionnez le texte ou l'image qui doit servir de lien hypertexte.

- Sous l'onglet **Insertion**>groupe **Liens**, cliquez sur le bouton **Lien hypertexte** ou appuyez sur Ctrl+K, dans le dialogue *Insérer un lien hypertexte*, cliquez sur l'icône *Adresse de messagerie*.

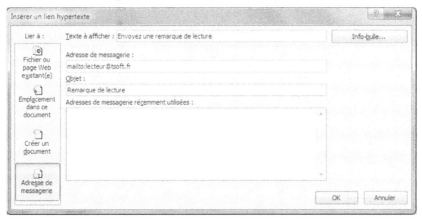

- Saisissez le texte du lien, renseignez l'adresse de messagerie du destinataire du message, saisissez l'objet du message, cliquez sur [OK].

Vous pouvez sélectionner une adresse parmi les adresses de messagerie utilisées récemment, qui sont listées dans la zone <Adresses de messagerie récemment utilisées>.

Lorsqu'un utilisateur cliquera sur ce lien sur la page Web, la fenêtre de création de message de son programme de messagerie sera ouverte avec l'adresse du destinataire et l'objet du message déjà renseignés.

MODIFIER LES CARACTÉRISTIQUES D'UN LIEN

- Cliquez droit sur le lien, puis cliquez sur Modifier le lien hypertexte pour réafficher le dialogue de définition du lien, modifiez ses caractéristiques, cliquez sur [OK].

SUPPRIMER UN LIEN

- Cliquez droit sur le lien, puis cliquez sur Supprimer le lien hypertexte.

Le texte du lien reste dans le document, mais le lien est supprimé.

PARTIE 2

CAS PRATIQUES

En-tête de page

- un avis d'opéré (par courrier ou par voie électronique, selon le choix du client) résumant les caractéristiques de l'opération sur lequel figurent les mentions suivantes : dénomination du marché, valeur sur laquelle porte la négociation, nature de la négociation, sens de l'opération (achat ou vente), date d'exécution et cours d'exécution, montant brut de l'opération, frais prélevés par ALTER Investissement, montant net de l'opération.

- un relevé de coupon mensuel s'il y a versement de dividende ;

- chaque mois un relevé espèces donnant le solde et le détail des opérations espèces intervenues au cours du mois, ainsi qu'un relevé retraçant les opérations effectuées dans le cadre du SRD ;

- un relevé d'opérations de prorogation le cas échéant ;

- ALTER Investissement adresse au client par courrier un avis de virement de titres à chaque virement de titres dans les livres de ALTER Investissement.

ALTER Investissement adresse chaque trimestre, par courrier et par voie électronique, un relevé de portefeuille donnant la valorisation des titres.

L'ACCÈS AUX MARCHÉS

Sécurité - code confidentiel

Pour accéder à son compte, ALTER Investissement attribue à chaque Client un identifiant et un code confidentiel dans les conditions décrites ci-dessus. Le Client s'engage à modifier ce code confidentiel dès réception du code initial attribué par ALTER Investissement. Il devra être tenu secret par le client qui sera seul responsable des conséquences, de toute nature, liées à un défaut de modification du code confidentiel initial ou à toute divulgation de ce code confidentiel initial ou du code confidentiel modifié. Le passage d'ordres par Internet, Minitel ou autre moyen de communication à distance mis à la disposition du Client devra s'accompagner de la fourniture de l'identifiant du Client et de son code confidentiel. Le passage d'ordres par téléphone sans communication de code confidentiel devra s'accompagner du nom du Client ainsi que de son identifiant. ALTER Investissement se réserve le droit de demander d'autres informations à des fins de vérification de l'identité du Client.

Le Client accepte d'être réputé l'unique auteur de tout ordre affectant son compte et transmis en conformité avec les procédures décrites ci-dessus. Le Client décharge ALTER Investissement de toute responsabilité en cas d'utilisation abusive ou frauduleuse par un tiers de ses éléments d'identification. Le Client peut neutraliser à tout moment l'accès à son compte par simple appel téléphonique à ALTER Investissement qu'il devra confirmer par lettre recommandée avec demande d'avis de réception dans un délai de 48 heures à compter du jour de l'appel. La remise en service des fonctions concernées ne peut être obtenue que sur instruction écrite du Client adressée à ALTER Investissement.

et si l'ordre n'est pas à cours limité et dans la monnaie.

Pied de page

CAS 1 : RAPPORT AVEC EN-TÊTE ET PIED DE PAGE

Fonctions utilisées

– *Insérer un fichier*   – *Créer un pied de page*

– *Créer des sections*   – *Reproduire une mise en forme*

– *Numéroter les pages*   – *Propriétés du document*

– *Créer un en-tête*   – *Utiliser les polices du thème*

20 mn

Vous allez finaliser un rapport de plusieurs pages, la première sera une page de couverture, le texte du rapport commencera à la deuxième page. Vous numéroterez les pages et définirez un en-tête et un pied de page. Vous allez récupérer un texte pour n'avoir pas à le saisir vous-même. Notez qu'il contient volontairement des fautes d'orthographe que vous corrigerez avec le dictionnaire dans un cas pratique ultérieur.

Créez et mettez en page un nouveau document

■ `Ctrl`+N pour créer un nouveau document vierge, puis définissez les marges : sous l'onglet **Mise en page**>groupe **Mise en page**, cliquez sur le bouton **Marges** et spécifiez les marges.

   – Haut : `3 cm`   – Bas : `2,5 cm`

   – Gauche : `3,5 cm` – Droite : `2,5 cm`

Insérez le texte d'un autre fichier

Vous allez insérer le texte d'un fichier nommé `CasA1` dans le dossier `C:\Exercices Word 2010`.

■ Onglet **Insertion**>groupe **Texte**, cliquez sur la flèche du bouton **Objet▾**, puis sur Texte d'un fichier..., dans le dialogue sélectionnez le dossier `C:\Exercices Word 2010`, puis sélectionnez le fichier `CasA1`, et cliquez sur [Insérer].

Une fois le texte inséré, le document fait douze pages. Observez l'indicateur Page 12 sur 12 dans la barre d'état, qui signifie que le point d'insertion est dans la dernière page des douze pages. Il est en fin du dernier paragraphe.

■ Enregistrez sous le nom `CharteServices`, dans le répertoire `C:\Exercices Word 2010`.

■ Tapez sur `Ctrl`+`⇱` pour mettre le point d'insertion au début du document.

Allez directement à une page

■ Appuyez sur `F5`, tapez `3` (le numéro de la page à atteindre) puis tapez `↵` ou cliquez sur [Atteindre], puis [Fermer] pour faire disparaître la boîte de dialogue.

La troisième page s'affiche dans la fenêtre, le point d'insertion est placé au début de cette page. Repérez l'indicateur Page 3 sur 12 dans la barre d'état.

Faites défiler les pages

■ Faites glisser le curseur de défilement dans la barre de défilement vertical, vous voyez s'afficher le numéro de page courante dans une bulle (exemple : Page 5).

■ Arrêtez le défilement sur la page 6 qui s'affiche alors, mais attention, le point d'insertion est resté au début de la page 3, et si vous saisissez du texte il s'inscrit dans la page 3 qui se réaffiche immédiatement.

Feuilletez de page en page

Au bas de la barre de défilement vertical se trouvent les flèches de navigation. Elles permettent de naviguer sur les éléments du document (pages, sections, tableaux, graphiques...).

- Cliquez sur l'icône 🔘 ❶ puis choisissez un type d'objet, ici cliquez sur le type d'objet *Parcourir par page* ⬜, puis utilisez les doubles-flèches pour faire avancer à la page suivante ⬇ ou revenir à la page précédente ⬆. Vous noterez que, cette fois-ci, le point d'insertion change de position lorsque vous parcourez ainsi les pages, qu'il se place au début de la page affichée.

Définissez la page de couverture

Vous allez insérer un saut de section en début de document, afin que le texte du rapport soit dans une deuxième section, après une première section qui servira pour la page de couverture. Chaque section peut avoir sa propre mise en page, en particulier la numérotation et le pied de page peuvent être différents d'une section à l'autre.

- Placez le curseur au tout début du document par Ctrl + ⬅ puis, sous l'onglet **Mise en page**>groupe **Mise en page**, cliquez sur le bouton ⬝ **Saut de page et de section**, puis cliquez sur Page suivante sous **Saut de section**.

Un saut de section est inséré, passez en affichage *Brouillon* pour le visualiser.

- Cliquez sur le saut de section, puis saisissez le titre du rapport qui figurera sur la page de couverture : `Charte des services` ⇧+⬅ `ALTER Investissement`⬅.

Ce texte s'inscrit juste avant le saut de section dans la première section du document.

- Sélectionnez le paragraphe que vous avez saisi, formatez les caractères en taille `52`, et le paragraphe avec un espace avant de `8` cm. Enfin centrez le paragraphe entre les marges.
- Repassez en affichage *Page*, vous notez que l'espace entre les marges gauche et droite n'est pas assez grand, vous allez diminuer les marges.
- Diminuez la marge à gauche à 2,5 cm et la marge à droite à 2 cm.
- Appliquez une bordure de page à la page de couverture : sous l'onglet **Mise en page**>groupe **Arrière-plan de page**, cliquez sur le bouton **Bordure de page**. Le dialogue *Bordure et trame* s'affiche, avec l'onglet **Bordure de page** sélectionné ; dans la zone <Type> : cliquez sur Encadré, dans la zone <Motif> : choisissez un motif ci-contre, et dans la zone <Appliquer à> : choisissez *À cette section*, puis cliquez sur [OK].
- Essayez différents motifs de bordures de pages puis revenez au motif choisi en premier lieu.
- Cliquez sur le titre et observez les indicateurs de la barre d'état : Section : 1, et Page : 1 sur 13, cliquez sur l'icône ⬇ pour passer au début de la page suivante sur le début du rapport : `Entre le client`... qui est donc maintenant au début de la deuxième page (Page : 2 sur 13), dans la Section 2 comme vous le constatez sur la barre d'état.

Vous constatez que la bordure de page n'est définie que sur les pages de la première section, pas sur celles de la deuxième section, c'est ce qui a été demandé dans le dialogue *Bordure de page*.

Définissez l'en-tête et le pied de page

L'en-tête et le pied de page que vous définirez dans une page quelconque de la deuxième section s'appliqueront à toutes les pages de la même section.

- Cliquez dans une page de la deuxième section, puis sous l'onglet **Insertion**>groupe **En-tête et pied de page**, cliquez sur le bouton **En-tête**, puis sur la commande Modifier l'en-tête...

La zone de saisie de l'en-tête de page s'affiche, tandis que le corps du document est estompé.

CAS 1 : RAPPORT AVEC EN-TÊTE ET PIED DE PAGE

- Sous l'onglet **Création**>groupe **Navigation**, cliquez sur le bouton **Lier au précédent** pour que l'en-tête ne soit pas lié à celui de la précédente section (**Lier au précédent** est un bouton bascule entre les deux états « lié » et « non lié » au précédent)

- Saisissez le texte de l'en-tête `Charte ALTER Investissement`. Mettez ce texte en italique et appliquez une bordure inférieure au paragraphe.

- Sous l'onglet **Création**>groupe **Navigation**, cliquez sur le bouton **Atteindre le pied de page** pour passer de l'en-tête au pied de page. Constatez la mention *Identique au précédent*.

- Cliquez sur le bouton **Lier au précédent** pour que le pied de page ne soit plus lié (identique) au précédent (de la section précédente), puis saisissez votre nom suivi d'un espace, d'un tiret et d'un espace.

- Insérez la date du jour : sous l'onglet **Insertion**>groupe **Texte**, cliquez sur le bouton **Date et heure**, puis dans le dialogue sélectionnez le premier format, ne cochez pas la case <☐ Mise à jour automatique>, cliquez sur [OK].

- Appliquez une bordure supérieure au paragraphe.

- Sous l'onglet **Création**, cliquez sur le bouton **Fermer l'en-tête et le pied de page** ou cliquez sur l'icône *Page* sur la barre d'état pour repasser en affichage *Page*.

- En cliquant plusieurs fois sur l'icône ⊖ *Zoom arrière* sur la barre d'état, réduisez l'échelle d'affichage à 40 % de façon à visualiser plusieurs pages entières avec l'en-tête et le pied de page. Puis agrandissez l'affichage à 80 % en cliquant 4 fois sur l'icône ⊕ *Zoom avant* sur la barre d'état.

Définissez la pagination

- En affichage *Page*, double-cliquez sur le pied de page, cliquez juste après la fin du texte, tapez sur la touche tabulation ⇥, puis sous l'onglet **Insertion**>groupe **Texte**, cliquez sur **QuickPart**, puis sur la commande *Champ…* , le dialogue *Champ* s'affiche.

CAS 1 : RAPPORT AVEC EN-TÊTE ET PIED DE PAGE

- Dans la zone <Catégories> : sélectionnez *Numérotation*, dans la zone <Noms de champ> : sélectionnez *Page*, dans <Format> : sélectionnez le format 1, 2, 3, cliquez sur [OK].

- Tapez le caractère /, insérez de la même façon le champ *NumPages* de la catégorie *Résumé*.

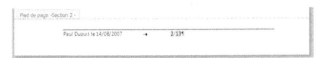

- Repassez en affichage *Page*. Faites défiler les pages pour visualiser le pied de page et la numérotation sur les pages du rapport, vérifiez que la page de couverture n'a pas de pied de page, puis enregistrez le document. Ceci parce que vous n'avez pas défini le pied de page de la section comme *Identique au précédent*.

Reproduisez une mise en forme sur les paragraphes titres

Le document contient des titres en majuscules qui ne sont pas actuellement mis en forme différemment du reste du texte. Nous voulons les différencier par une mise en forme.

Vous allez modifier la mise en forme du premier titre, puis réappliquer cette mise en forme à chacun des autres titres.

- Sélectionnez le premier titre : PRÉAMBULE, formatez les caractères en taille 14 et en gras, appliquez au paragraphe un espace avant de 25 pt et après de 15 pt.

- Reproduisez cette mise en forme sur les autres titres : le premier titre étant sélectionné, sous l'onglet **Accueil**>groupe **Presse-papiers**, double-cliquez sur le bouton **Reproduire la mise en forme (Ctrl+Maj+C)**, faites défiler le document et cliquez dans la marge devant le titre suivant en majuscules (pour le sélectionner) : SERVICES OFFERTS - INSTRUMENTS, faites défiler à nouveau le document et sélectionnez le titre suivant en majuscules, répétez cette action pour les neuf titres en majuscules, puis tapez sur Echap.

En cas de reproduction de la mise en forme par mégarde sur un texte autre qu'un titre, cliquez sur le bouton *Annuler* situé sur la barre d'outils *Accès rapide*, puis recommencez la procédure pour les titres restant à mettre en forme.

Modifiez la mise en forme des titres

Les paragraphes des titres ont maintenant la même mise en forme, vous pouvez dans ce cas les sélectionner ensemble et modifier leur mise en forme simultanément.

- Placez le point d'insertion au début de la section 2 du rapport : appuyez sur F5 et tapez s2 (pour Section 2, cliquez sur [Atteindre], puis sur [Fermer]).

- Sélectionnez le premier titre, PRÉAMBULE, cliquez droit sur la sélection puis sur la commande contextuelle *Styles...*, puis sur *Sélectionner le texte ayant une mise en forme semblable*.

Tous les textes ayant la même mise en forme que celui qui est sélectionné (tous les titres en majuscules, de taille 14 et en gras) sont sélectionnés.

- Assurez-vous de cela en faisant défiler le document à l'aide de la barre de défilement.

- Modifiez la taille de la police à 12, et via le dialogue *Police* appliquez la police +*Titres* (la police +*Titres* est la police définie dans le thème pour les titres, dans le thème actuel c'est *Cambria*).

- Cliquez n'importe où dans le corps du texte pour annuler la sélection des multiples paragraphes.

Reproduisez une mise en forme sur les paragraphes sous-titres

Repérez les sous-titres, ils sont en corps 11, précédés d'un paragraphe vide ; si les marques de paragraphes ne sont pas visibles, vous pouvez les rendre visibles temporairement. Pour cela : cliquez sur le bouton **Afficher tout (Ctrl+8)** sur le Ruban, sous l'onglet **Accueil**>groupe **Paragraphe**.

- Sélectionnez le premier sous-titre, `Services offerts` (page 3), formatez les caractères en gras et italique, et appliquez via le dialogue *Police* la police *+Titres* (la police *+Titres* est la police retenue dans le thème pour les titres).
- Reproduisez cette mise en forme aux autres sous-titres en procédant comme précédemment.
- Sélectionnez tous les paragraphes simultanément, en sélectionnant le texte ayant la même mise en forme, puis appliquez via le dialogue *Paragraphe* un espace avant de `15 pt` et un espace après de `10 pt`.

Supprimez les paragraphes vides

Il est préférable d'espacer les paragraphes en définissant des espaces avant et après les paragraphes, plutôt que d'insérer des paragraphes vides. Vous allez supprimer les paragraphes vides dans le document. Affichez les marques de paragraphes, et remarquez qu'un paragraphe vide est un caractère spécial marque de paragraphe qui suit immédiatement une autre marque de paragraphe.

Pour supprimer les paragraphes vides automatiquement, vous allez remplacer deux marques de paragraphes consécutives par une seule marque de paragraphe :

- Placez le point d'insertion au début de la section 2 du rapport : appuyez sur `F5`, tapez `S2` (pour Section 2, cliquez sur [Atteindre], puis sur [Fermer].
- Sous l'onglet **Accueil**>groupe **Modification**, cliquez sur le bouton **Remplacer**, dans la zone <Rechercher> : saisissez `^p^p`, dans la zone <Remplacer> : saisissez `^p` (^p représente le caractère marque de paragraphe), cliquez sur [Suivant], la première occurrence de deux marques de paragraphe est sélectionnée, cliquez sur [Remplacer], l'occurrence suivante de deux marques de paragraphe est sélectionnée. Cliquez sur [Remplacer], et ainsi de suite... pour remplacer toutes les occurrences d'un coup sans vérifier visuellement, cliquez sur [Remplacer tout], un message vous indique le nombre de suppressions. Terminez en appuyant sur `Echap`.
- Si vous avez utilisé le bouton **Afficher tout (Ctrl+8)** pour rendre visibles tous les caractères spéciaux, vous pouvez les rendre à nouveau invisibles en cliquant à nouveau sur ce bouton.
- Faites défiler les données, certains titres sont en bas de page, le paragraphe qui les suit étant à la page suivante, il vaut mieux dans ce cas renvoyer aussi le titre à la page suivante : sélectionnez tous les titres ayant la même mise en forme puis, puis dans le dialogue *Paragraphe*, cliquez sur l'onglet **Enchaînements**, cochez la case <☑ Paragraphes solidaires>, cliquez sur [OK]. Faites-le en sélectionnant comme précédemment les titres en majuscules puis les titres en minuscules.

Utilisez les propriétés du document

En remplissant les champs des propriétés de document de manière pertinente, vous facilitez le classement et l'identification ultérieure de vos documents.

- Cliquez sur l'onglet **Fichier**, la rubrique **Informations** est sélectionnée dans le panneau de gauche, dans le panneau de droite cliquez **Propriétés**, puis sur Afficher le panneau de document.

CAS 1 : RAPPORT AVEC EN-TÊTE ET PIED DE PAGE

Les propriétés principales du document apparaissent dans un panneau sous le Ruban : le nom de l'auteur, le titre, les mots-clés, la catégorie sont autant de zones que vous pouvez renseigner. Dans la barre en haut de ce volet, vous voyez l'emplacement du fichier et un bouton *Propriétés du document* qui donne accès au dialogue complet des *Propriétés*.

■ Faites disparaître le panneau de document en cliquant sur la case X en haut à droite du panneau, puis réaffichez le panneau de document comme précédemment.

■ Cliquez sur le bouton *Propriétés du document*, puis sur *Propriétés avancées...* cliquez sur l'onglet **Résumé**, puis sur l'onglet **Statistiques**.

Sous l'onglet **Résumé** : le nom de l'auteur est initialement le nom de celui qui a créé le document tel qu'il est défini dans les options Word *Général*. Vous pouvez mettre votre nom dans la propriété <Auteur>, si vous voulez changer le nom d'auteur.

■ Inscrivez un autre nom d'auteur.

Vous pouvez aussi changer le nom d'utilisateur dans les options Word - *Général*, ce nouveau nom sera pris en compte en tant qu'auteur lorsque vous créerez de nouveaux documents ensuite.

■ À titre d'exercice, changez le nom d'utilisateur dans les options Word, puis créez un document et vérifiez dans les propriétés de ce document le nom d'auteur, puis fermez ce document et remettez le nom initial dans les options Word.

Le nom de société par défaut est un nom qui a été défini à l'installation du système. Vous pouvez changer ce nom dans les propriétés du document (document par document) :

■ Inscrivez comme nom de société le nom de votre société ou celui de votre choix.

■ Inscrivez comme titre du document Charte ALTER Investissement.

■ Inscrivez dans la zone <Sujet> : Fonctionnement des comptes titres.

L'onglet **Statistiques** affiche la date de création, de dernière modification du fichier et par qui il a été enregistré la dernière fois. Vous voyez aussi les informations nombre de pages, nombre de paragraphes, de lignes, de mots ou de caractères contenus dans le document.

■ Cliquez sur [OK] pour valider vos changements, puis faites disparaître le volet des propriétés.

Changez le thème

Nous n'avons utilisé dans le document que les polices de thème, par défaut le thème est *Office* et les polices sont *Calibri* (pour le corps du texte) et *Cambria* (pour les titres). Vous avez vu que pour appliquer la police du thème, il faut sélectionner via le dialogue *Police*, la police *+Corps* ou *+Titres*.

■ Changez le thème : sous l'onglet **Mise en page**>groupe **Thèmes**, cliquez sur le bouton **Thèmes**, le menu affiche la galerie des thèmes, amenez le pointeur sans cliquer sur la vignette *Apex*, l'affichage se modifie avec les polices de ce thème.

- Amenez le pointeur sur un autre thème *Rotonde* (pour en voir la vignette, faites défiler la galerie des thèmes) et constatez la modification de l'affichage des polices, puis faites le même essai sur plusieurs autres thèmes.
- Cliquez sur le thème que vous voulez appliquer, vous constatez que les polices du nouveau thème ont remplacé les précédentes dans le document.
- Appliquez d'autres thèmes, puis revenez au thème *Office*.

Pour terminer

- Enregistrez le document.
- Activez le bouton *Aperçu avant impression et imprimer* dans la barre d'outils *Accès rapide*. Cliquez sur cet outil. Faites défiler les pages de l'aperçu avant impression.
- Imprimez seulement la première page de texte qui est la page numéro 2 du document.
- Fermez le document.

Numérotation des titres par liste à plusieurs niveaux

Mise en forme des titres avec des styles

Charte ALTER Investissement

2 - SERVICES OFFERTS - INSTRUMENTS TRAITÉS

Renvoi à une page

2.1 - Services offerts

ALTER Investissement propose au Client[2] les services suivants par l'intermédiaire de son site Internet :

- Réception et transmission d'ordres pour compte de tiers (voir page 10)

Liste à puces

- Exécution d'ordres pour compte de tiers

- Placement pour compte de tiers

- La visualisation de leurs portefeuille

- L'accès à des contrats d'assurence vie

- L'accès à des informations financières sur les marchés

Et tous autres services financiers que ALTER Investissement pourrait être amenée à proposer.

L'intermédiaire permet d'accéder aux transactions hors séance dans les conditions prévues par les règles de marché de la Bourse de Paris et des autorités de marché. Complémentairement au site Internet, ALTER Investissement met à la disposition du Client des moyens alternatifs d'utilisation des services susvisés tels que le téléphone.

2.2 - Instruments traités

Il est convenu que les dispositions de la Charte s'appliquent quelle que soit la catégorie d'instruments financiers traités pour le compte du Client. Au sens de la Charte, sont considérés comme instruments financiers tous les instruments financiers visés à l'article 1er de la loi n°96-597 du 2 juillet 1996 de modernisation des activités financières.

2.3 - Marchés

Les marchés disponibles sur le site Internet sur lesquels le Client peut opérer sont :

- La Bourse de Paris : premier marché, second marché, nouveau marché, marché libre

- New York Stock Exchange et Nasdaq (l'accessibilité aux marchés américains est soumise à une déclaration spécifique du client disponible auprès de ALTER Investissement),

Note de bas de page

- Marchés européens (Amsterdam, Bruxelles, Francfort, Madrid, Milan)

---

[2] Résident en métropole uniquement

Paul Dupuis - 23/02/2011   3/13

CAS 2 : STYLES, TITRES NUMÉROTÉS ET RENVOIS

Fonctions utilisées

– *Styles*
– *Coupure des mots*
– *Numérotation des titres*

– *Recherche/remplacement de styles*
– *Note de bas de page*
– *Renvoi*

25 mn

Vous allez travailler sur le fichier document texte que vous avez créé dans le cas pratique n°1. Si vous n'avez pas réalisé complètement le cas précédent, ouvrez le fichier `CasA2`, et enregistrez-le sous le nom `ChartServices`, puis fermez le document.

Vous allez créer et utiliser des styles dans tout le document. Ensuite, vous allez numéroter les titres du document et créer une note de bas de page et un renvoi.

Ouvrez le document

Comme le document est probablement l'un des quatre derniers à avoir été utilisé, vous pouvez l'ouvrir de la façon suivante :

- Cliquez sur l'onglet **Fichier**, puis dans le panneau de droite cliquez sur le nom du fichier *ChartServices.docx*.

Notez qu'à l'ouverture du document, le point d'insertion est placé au tout début du document.

Créez et appliquez un style de paragraphe TitreA aux titres

Vous allez créer votre propre style de paragraphe de titre basé sur la mise en forme des titres en majuscules, vous le nommerez `TitreA`.

- Cliquez dans le titre PRÉAMBULE, affichez le volet *Styles* si ce n'est pas fait puis cliquez sur le bouton *Nouveau style* situé au bas du volet *Styles*.
- Dans le dialogue *Créer un style à partir de la mise en forme*, dans la zone <Nom> : saisissez le nom du style `TitreA` et cliquez sur [OK] pour valider, le style apparaît dans le volet *Styles*, et aussi la vignette *TitreA* dans la galerie des styles rapides qui est affichée sous l'onglet **Accueil**>groupe **Style**.

- Amenez le pointeur sans cliquer dans le volet *Styles* sur le nom du style *TitreA*, vous voyez s'afficher une bulle descriptive de la mise en forme du style.
- Vous allez appliquer le style *TitreA* aux huit autres titres. Sélectionnez les huit autres titres : cliquez droit sur le second titre, puis sur la commande contextuelle Styles, puis sur Sélectionner le texte ayant une mise en forme semblable. Vérifiez, en faisant défiler le document, que les titres ont été sélectionnés, puis cliquez dans la galerie des styles rapides sur la vignette *TitreA*. Le style *TitreA* s'applique à tous les titres sélectionnés.

Modifiez le style TitreA par actualisation

- Sélectionnez en entier un des paragraphes de style `TitreA`, modifiez la mise en forme des caractères via le dialogue *Police* en appliquant la couleur de thème *Bleu Foncé, Texte2* et la taille `16`.
- Dans le volet *Styles*, le nom du style est encadré, cliquez droit sur ce nom de style puis sur la commande contextuelle Mettre à jour TitreA pour correspondre à la sélection.

Le style *TitreA*, s'actualise en fonction du formatage direct appliqué dans le paragraphe courant, les autres titres qui ont le même style prennent donc aussi la même mise en forme.

Créez et appliquez un style TitreB pour les sous-titres

Vous allez créer votre propre style basé sur la mise en forme des sous-titres.

- Sélectionnez le premier de ces titres, Services offerts, sélectionnez simultanément tous les paragraphes ayant la même mise en forme, appliquez pour les caractères la couleur de thème *Bleu Foncé,Texte2* et une taille de 14.

- Créez un style *TitreB* basé sur cette mise en forme de paragraphe et appliquez ce style simultanément à tous les paragraphes sous-titre, comme précédemment.

Créez et appliquez un style TitreCouv au titre de couverture

- Placez le point d'insertion au début dans la section 1 : appuyez sur F5, tapez S1 (pour Section 1), cliquez sur [Atteindre], puis sur [Fermer].

- Cliquez dans le paragraphe du titre de couverture, vous avez déjà appliqué une mise en forme directe dans le cas n°1, créez un style *TitreCouv* basé sur ce paragraphe mis en forme.

- Sélectionnez le texte du titre y compris la marque de fin de paragraphe, mettez les caractères en gras et dans la couleur du thème *Bleu Foncé, Texte2*.

- Dans le volet *Styles*, le nom du style est encadré, cliquez droit sur ce nom de style, puis sur la commande contextuelle Mettre à jour TitreCouv pour correspondre à la sélection.

Définissez un style de paragraphe Texte pour le corps du texte

Les paragraphes sous les titres sont du style *Normal*, que l'on pourrait modifier. Mais dans ce cas pratique, plutôt que de modifier le style *Normal*, vous allez créer un style *Texte* que vous appliquerez à tout le texte.

- Créez un style que vous nommez Texte basé sur un des paragraphes du corps du texte.

- Remplacez partout le style *Normal* par le style *Texte*, pour cela utilisez la fonction Recherche/ remplacement : sous l'onglet **Accueil**>groupe **Modification**, cliquez sur le bouton **Remplacer**, le dialogue *Rechercher et remplacer* s'affiche.
  - Dans la zone <Rechercher> : sélectionnez et supprimez le contenu, puis cliquez sur [Format] puis sur la commande Style... et sélectionnez le style *Normal*.
  - Dans la zone <Remplacer par> : sélectionnez et supprimez le contenu, puis cliquez sur [Format] puis sur la commande Style... et sélectionnez le style *Texte*.

- Cliquez sur [Remplacer tout].

- Un message vous informe du nombre de remplacements effectués, cliquez sur [OK], puis sur [Fermer] ou appuyez sur Echap.

Appliquez une numérotation pour les titres et les sous-titres

Nous voulons numéroter les titres et les sous-titres en rappelant le numéro du titre sous lequel ils se trouvent. Il faut utiliser une liste numérotée à plusieurs niveaux :

- Cliquez sur un paragraphe de style *TitreA*, par exemple PRÉAMBULE, puis sous l'onglet **Accueil**>groupe **Paragraphe**, cliquez sur la **flèche** du bouton **Liste à plusieurs niveaux**, cliquez ensuite sur la commande Définir une nouvelle liste à plusieurs niveaux..., le dialogue Définir une nouvelle liste à plusieurs niveaux s'affiche.

- Cliquez sur le bouton [Plus>>] situé au bas du dialogue pour afficher toutes les options du dialogue (si le bouton [<<Moins] est dans le dialogue, les options sont déjà développées).

Vous allez définir chaque niveau de numérotation : le niveau 1 sera associé au style *TitreA*, et le niveau 2 sera associé au style *TitreB*. Pour chaque niveau, vous définirez la position du numéro et le caractère qui sépare le numéro du texte du paragraphe.

- Dans la zone **❶** : sélectionnez le niveau *1* ; dans la zone **❷** : sélectionnez *TitreA* ; dans la zone **❸** sélectionnez *1,2,3,* ; dans la zone **❹** : effacez la parenthèse qui suit le numéro 1), saisissez à la place un espace suivi d'un tiret, soit 1 -.

- Dans la zone **❶** : sélectionnez le niveau *2* ; dans la zone **❷**: sélectionnez *TitreB* ; dans la zone **❸** sélectionnez *Aucune* ; dans la zone **❹** : effacez le contenu ; dans la zone **❺** : sélectionnez *Niveau 1*, ce qui rappelle le numéro de niveau 1 dans la zone **❹**, tapez un point après ce numéro de niveau, soit 1.; dans la zone **❸** : sélectionnez *1,2,3* qui inscrit dans la zone **❹** le numéro 1.1, saisissez après le numéro un espace suivi d'un tiret 1.1 -.

- Cliquez sur [OK] pour valider.

Les paragraphes de style *TitreA* et *TitreB* sont numérotés comme cela a été défini dans le dialogue précédent. Notez que l'application de la numérotation a changé les alignements des styles *TitreA* et *TitreB*. L'alignement a été redéfini en fonction des valeurs spécifiées dans <Alignement>**❻** (retrait du numéro par rapport à la marge), et <Retrait du texte à> **❼** (position du taquet de tabulation qui suit le numéro si *Tabulation* est sélectionné dans la zone **❽**).

Modifiez les alignements de la liste à plusieurs niveaux

- Cliquez dans un titre, puis sous l'onglet **Accueil**>groupe **Paragraphe**, cliquez sur la **flèche** du bouton **Liste à plusieurs niveaux**, puis sur la commande Définir une nouvelle liste à plusieurs niveaux... qui affiche le dialogue *Définir une nouvelle liste à plusieurs niveaux*.

  - Dans la zone **❶** : sélectionnez le niveau 1, dans la zone <Alignement> : saisissez –1cm, dans la zone <Retrait du texte à> : saisissez 0 cm, dans la zone **❽** : sélectionnez *Espace*.
  - Dans la zone **❶** : sélectionnez le niveau 2, dans la zone <Alignement> : saisissez – 1cm, dans la zone <Retrait du texte à> : saisissez 0 cm, dans la zone **❽** : sélectionnez *Espace*.

- Cliquez sur [OK] pour valider.

Enregistrez la liste dans la bibliothèque de liste

Pour pouvoir réutiliser facilement une liste à plusieurs niveaux dans le document ou dans un autre document, il est recommandé de l'enregistrer dans la bibliothèque de listes.

- Cliquez dans le titre PRÉAMBULE, puis sous l'onglet **Accueil**>groupe **Paragraphe**, cliquez sur la **flèche** du bouton **Liste à plusieurs niveaux**, la vignette de la liste que vous avez définie apparaît sous Listes dans les documents actuels. Cliquez droit sur cette vignette puis sur Enregistrer dans la bibliothèque de listes.

Vous pouvez réutiliser cette bibliothèque de listes, dans tout autre document. Par exemple, créez un document nouveau et affichez le volet des styles.

- Appliquez la liste que vous avez enregistrée dans la bibliothèque des listes : cliquez dans un paragraphe du nouveau document, puis sous l'onglet **Accueil**>groupe **Paragraphe**, cliquez sur la **flèche** du bouton **Liste à plusieurs niveaux**, la vignette de la liste que vous avez définie apparaît sous Bibliothèques de listes.

Vous constaterez que le paragraphe a été numéroté et a adopté le style *TitreA*. Les styles *TitreA* et *TitreB* ont été ajoutés aux styles du document par le simple fait d'appliquer la liste à plusieurs niveaux.

Définissez un style de liste

Il est possible aussi de créer un style de liste.

- Cliquez dans un paragraphe de style *TitreA* faisant partie de la liste à plusieurs niveaux, cliquez sur la **flèche** du bouton **Liste à plusieurs niveaux**, puis Définir un nouveau style de liste...

- Le dialogue *Définir un nouveau style de liste* s'affiche, dans la zone <Nom> : saisissez un nom pour ce style de liste, ici saisissez NumABC.

    Dans le nouveau style, les alignements des niveaux de la liste actuelle sont conservés, mais pas les styles de paragraphe à appliquer, il faut donc les redéfinir : cliquez sur le bouton [Format] puis sur Numérotation... Pour le niveau 1, modifiez <Style à appliquer à ce niveau> : *TitreA* ; pour le niveau 2, <Style à appliquer à ce niveau> : *TitreB*. Cliquez sur [OK] pour valider.

- Pour vérifier la création du style de liste, cliquez sur la **flèche** du bouton **Liste à plusieurs niveaux**, la vignette du style apparaît sous la section Styles de liste, amenez le pointeur sur la vignette, le nom *NumABC* s'affiche dans une bulle.

Attention : si vous appliquez une autre numérotation de liste de la bibliothèque de listes, le style de liste que vous avez créé perd les styles de paragraphes *TitreA* et *TitreB* appliqués aux différents niveaux. La solution pour pouvoir les retrouver est de les enregistrer dans un jeu de styles et restaurer ce jeu de styles (vois ci-après).

Enregistrez les styles du document dans un jeu de styles rapides

Si vous voulez pouvoir restaurer la mise en forme de votre style de liste (et de vos autres styles en général), vous devez avoir sauvegardé les styles du document dans un jeu de styles pour pouvoir le restaurer. Un jeu de styles est enregistré dans un fichier séparé du document, il contient la définition des styles et peut être restauré dans tout document.

- Sous l'onglet **Accueil**>groupe **Styles**, cliquez sur la **flèche** du bouton **Modifier les styles**, puis sur Jeux de styles, puis sur la commande Enregistrer en tant que jeu de styles rapides..., saisissez un nom pour le jeu de style NumTitreABC, et cliquez sur [Enregistrer].

CAS 2 : STYLES, TITRES NUMÉROTÉS ET RENVOIS

Restaurez le style de liste à partir du jeu de styles

- Appliquez une numérotation différente de la bibliothèque de listes, vous constatez que vos titres *TitreA* et *TitreB* ne sont plus numérotés (car ils ne sont pas connus des numérotations prédéfinies de Word).
- Cliquez sur le bouton **Modifier les styles** (sous l'onglet **Accueil**>groupe **Style**) puis sur Jeux de styles, puis cliquez sur *NumTitresABC* , pour restaurer ce jeu de styles.

Après cette restauration des styles, les paragraphes de styles *TitreA* et *TitreB* reprennent leur mise en forme et leur numérotation.

Remplacez le style TitreA par le style Titre 1

Les listes numérotées à plusieurs niveaux, prédéfinies dans Word, utilisent les styles *Titre 1*, *Titre 2*, *Titre 3*... fournis par Word, préexistants dans tout document, qui ne peuvent être supprimés. Ils peuvent cependant être modifiés. Il sera donc plus facile de numéroter les titres si vous leur appliquez les styles prédéfinis fournis par Word plutôt que d'autres styles personnalisés, comme *TitreA* et *TitreB* que vous aurez créés (si nous l'avons fait dans les étapes précédentes, c'est à titre d'exercice). Revenons donc aux styles *Titre 1* et *Titre 2* sans refaire la mise en forme déjà effectuée.

- Commencez par uniformiser les deux styles : cliquez dans un paragraphe de style *TitreA*, puis dans le volet *Styles* : cliquez droit sur le nom de style *Titre 1*, puis sur la commande Mettre à jour Style 1 pour correspondre à la sélection.
- Remplacez ensuite le style *TitreA* par le style *Titre 1* : sous l'onglet **Accueil**>groupe **Modification**, cliquez sur le bouton **Remplacer**, le dialogue *Rechercher et remplacer* s'affiche, Cliquez sur [Plus>>] situé au bas du dialogue.
  - Dans la zone <Rechercher> : effacez le contenu et cliquez sur [Format], puis sur la commande Style... et sélectionnez le style *TitreA*.
  - Dans la zone <Remplacer par> : effacez le contenu et cliquez sur [Format], puis sur la commande Style... et sélectionnez le style *Titre 2*.
- Cliquez sur [Remplacer tout], un message indique le nombre de remplacements effectués, cliquez sur [OK], puis cliquez sur [Fermer] ou appuyez sur Echap.

Remplacez le style TitreB par le style Titre 2

- Commencez par uniformiser les deux styles : cliquez dans un paragraphe de style *TitreB*, puis dans le volet *Styles* : cliquez droit sur le nom de style *Titre 2*, puis sur la commande Mettre à jour Style 2 pour correspondre à la sélection.
- Remplacez ensuite le style *TitreB* par le style automatique *Titre 2* : cliquez droit sur le nom *TitreB* dans le volet *Styles* puis cliquez sur Sélectionner les 17 occurrences. Cliquez ensuite sur le nom de style *Titre 2* dans le volet *Styles* pour leur appliquer ce style.

Définissez un nouveau style de liste à plusieurs niveaux numérotés

- Définissez le nouveau style de liste : procédez en modifiant le style de liste *NumABC*. Le style de liste utilisera le style *Titre 1* au lieu de *TitreA* comme niveau 1, et le style *Titre 2* au lieu de *TitreB* comme niveau 2 ; vous conserverez les alignements de chaque niveau (retrait négatif de -1 cm par rapport à la marge). Pour cela, cliquez droit sur le nom du style de liste *NumABC* après avoir ouvert la galerie des styles de listes (comme précédemment). Dans le dialogue, vous pourrez changer le nom du style NumABC en Num123.
- Ensuite, supprimez aussi le jeu de styles rapides précédemment enregistré *NumTitreABC* : cliquez sur le bouton **Modifier les styles**, puis sur *Jeux de styles*, puis sur *Enregistrer en tant que jeu de styles rapides...* Cliquez droit sur le nom *NumTitreABC* puis sur Supprimer, confirmez en cliquant sur [Oui].

- Enfin, enregistrez les nouvelles mises en forme des styles en tant que jeu de styles sous le nom *NumTitre123*.
- Vous pouvez appliquer maintenant une autre numérotation de la bibliothèque de listes, ce qui fait perdre la mise en forme de votre style de liste. Restaurez le jeu de styles *NumTitre123*.

Effectuez la coupure des mots

Modifiez le style le style *Texte* pour justifier tous les paragraphes de texte. Des mots peuvent être trop espacés, vous pouvez couper automatiquement certains mots en fin de ligne.

- Placez le curseur au début de la section du rapport, puis sous l'onglet **Mise en page**>groupe **Mise en page** cliquez sur le bouton **Coupure de mots**, puis sur la commande Automatique, repérez des mots qui on été coupés automatiquement en fin de ligne.

Vous pouvez aussi contrôler la coupure des mots par Word, voyons cela :

- Annulez l'action précédente de coupure automatique.
- Placez le curseur au début de la section du rapport, puis sous l'onglet **Mise en page**>groupe **Mise en page** cliquez sur le bouton **Coupure de mots**, puis sur la commande Manuel.

- Le premier mot candidat à coupure est présenté, cliquez sur [Non] pour ne pas le couper.

- Les mots suivants sont présentés de proche en proche pour coupure, les coupures possibles sont indiquées par des -, par exemple re-pré-sen-tée. Une proposition est proposée par un surlignement, mais si vous préferez un autre endroit, cliquez dessus, ici cliquez avant sen puis cliquez sur [Oui] pour couper.

- Quelques mots plus loin, fonc-tion-ne-ment, cliquez sur [Oui].
- Pour arrêter le processus de coupure des mots, cliquez sur [Annuler].

Créez une note de bas de page

- Placez le curseur derrière le mot Client dans le premier paragraphe du texte, puis sous l'onglet **Références**>groupe **Notes de bas de page** cliquez sur le bouton **Insérer une note de bas de page**.

Le point d'insertion se place en bas de page sous un trait horizontal après le numéro de la note.

- Tapez le texte de la note : Résidant en métropole exclusivement.

- Cliquez dans le corps du texte pour terminer, faites défiler le texte pour voir le mot Client, l'appel de note figure en indice à l'endroit de l'insertion dans le texte.
- Amenez le pointeur sur l'appel de note, une infobulle affiche le texte de la note. Double-cliquez sur l'appel de note, le point d'insertion se place dans le texte de la note en bas de page, juste devant le numéro de la note.
- Au début de la page 3, insérez une note de bas de page avec le même texte après le mot Client. Constatez que le numéro de la note est 2, deuxième note de bas de page du document.

Créez un renvoi

Vous allez créer sur la première page du rapport un renvoi vers un élément numéroté qui se trouve plus loin dans le document.

- Recherchez le texte Réception et transmission d'ordres : pour cela Ctrl+F, dans le volet *Navigation* qui s'ouvre à gauche de la fenêtre, saisissez transmission d'ordres, l'expression est trouvée et surlignée dans le document.
- Insérez un renvoi : cliquez après le texte Réception et transmission d'ordres pour compte de tiers, saisissez un espace puis (voir page. Cliquez ensuite juste après le mot page que vous venez de saisir, tapez un espace, puis sous l'onglet **Références**>groupe **Légendes** cliquez sur le bouton **Renvoi**, le dialogue *Renvoi* s'affiche.
- Dans la zone <Catégorie> : conservez *Élément numéroté* proposé par défaut, dans la zone <Insérer un renvoi> : sélectionnez *Numéro de page*, dans la zone <Pour l'élément numéroté> : sélectionnez le titre 6.2 Caractéristique des ordres.

- Cliquez sur [Insérer], puis sur [Fermer] ou appuyez sur Echap.

> - Réception et transmission d'ordres pour compte de tiers (voir page 10)¶
>
> - Exécution d'ordres pour compte de tiers¶

Le numéro de page est la valeur d'un champ. Pour afficher le champ, sélectionnez le numéro de page et appuyez sur ⇧+F9. Appuyez à nouveau sur ⇧+F9 pour afficher le résultat du champ.

Notez que le renvoi à un élément numéroté (ici un titre) est immédiat. De façon plus générale, vous pouvez aussi créer des signets à différents endroits dans le document et renvoyer vers ces signets. Dans la zone <Catégorie> du dialogue *Renvoi*, vous choisissez alors *Signet* et ce sont les noms des signets qui sont listés dans la zone de sélection située au-dessous (au lieu des éléments numérotés).

Définissez une liste à puces

- Sur la page 3, sélectionnez les lignes précédées d'un tiret. Puis sous l'onglet **Accueil**>groupe **Paragraphe**, cliquez sur la **flèche** du bouton **Puces**, sélectionnez une puce ronde, validez par [OK].

Pour terminer

- Enregistrez à nouveau le document.
- Passez en aperçu avant impression et faites défiler les pages.
- Imprimez la première page du document contenant du texte.
- Fermez le document.

Charte *ALTER COURTAGE*

Entre(rous) le Client², le ou les titulaire(s) donneurs d'ordres, (ci-après dénommé "le Client").

Annotation

D'une part

> Remplacement automatique dans tout
> le document d'ALTER Investissement
> par ALTER Courtage et mise en forme

Et :

La société **ALTER COURTAGE**, Banque prestataire de services d'investissement S.A. à conseil d'administration au capital de 51 034 075 (euros)(rous), agréée par le Comité des Établissements de Crédit et des Entreprises d'Investissement, dont le siège est 25, rue Marcel Sembat 92659 Boulogne Billancourt Cedex, inscrite au R.C.S. de Nanterre sous le numéro B 414 561 894 et représentée par son Président Directeur Général, (ci-après dénommée "l'intermédiaire" ou "**ALTER COURTAGE**").

É majuscule accentué

D'autre part,

Il a été convenu ce qui suit :

1 - PRÉAMBULE

La présente Charte a pour objet de définir les règles régissant la convention relative au fonctionnement du compte titres conclue entre le Client et **ALTER COURTAGE**. Cette convention comprend : la présente Charte, la (les) demande(s) d'ouverture de compte(s), le barème des tarifs, les règles de couverture.

Surlignage

La Charte a été élaborée conformément aux dispositions législatives et réglementaires en vigueur, et particulièrement celles prévues par le Règlement Général du Conseil des Marchés Financiers (ci-après dénommé " le CMF") et la Décision Générale du CMF n°98-28 du 9 décembre (1998)(rous) relative aux clauses obligatoires devant figurer dans la convention de services et d'ouverture de compte entre un prestataire et son client. La présente Charte s'adresse à des ressortissants de l'Espace Économique Européen.

Il appartient aux ressortissants des autres pays de s'assurer de la compatibilité de l'offre avec la réglementation de leur pays de rattachement.

¹ Résident en métropole exclusivement

Paul Dupuis - 23/02/2011   2/13

CAS 3 : VÉRIFIER, ANNOTER, SURLIGNER, TRADUIRE

Vous allez travailler sur le fichier document texte que vous avez achevé dans le cas pratique n°2. Si vous n'avez pas réalisé complètement le cas précédent, ouvrez le fichier `CasA3`, et enregistrez-le sous le nom `CharteServices`. Fermez le document.

Vous allez vérifier l'orthographe du document et corriger les erreurs. Vous profiterez de la vérification pour remplacer certains mots par un synonyme et pour annoter le document. Vous remplacerez un mot par un autre dans tout le document, vous utiliserez le surlignage.

Ouvrez le document précédemment ouvert

Comme le document est probablement l'un des quatre derniers à avoir été utilisé, vous pouvez l'ouvrir de la façon suivante :

■ Cliquez sur l'onglet **Fichier**, dans le panneau de gauche les noms des fichiers les plus récemment ouverts sont listés, cliquez sur le nom du fichier `CharteServices`.

Le document comporte volontairement un certain nombre d'anomalies que vous allez corriger.

Mettez en évidence les mots suspects et corrigez

Si l'option vérification automatique est activée, les mots suspects (mal orthographiés, inconnus au dictionnaire...) sont automatiquement soulignés d'un trait ondulé rouge. Si des expressions sont aussi soulignées d'un trait ondulé de couleur verte, ce sont les anomalies de grammaire qui sont aussi détectées.

■ Activez la correction automatique d'orthographe, mais pas de grammaire, dans les options Word : cliquez sur l'onglet **Fichier** puis sur **Options**, cliquez sur la catégorie *Vérification*. Dans le panneau de droite, cochez la case <☑ Vérifier l'orthographe au cours de la frappe>, décochez les cases concernant la vérification de la grammaire dont nous verrons l'effet ultérieurement.

> Lors de la correction orthographique et grammaticale dans Word
>
> ☑ Vérifier l'orthographe au cours de la frappe
> ☑ Utiliser la vérification orthographique contextuelle (uniquement pour l'anglais, l'espagnol et l'allemand)
> ☐ Vérifier la grammaire au cours de la frappe
> ☐ Vérifier la grammaire et l'orthographe

■ Cliquez sur [OK].

■ Repérez le premier mot suspect, `Etablissements`, cliquez droit sur le mot suspect, un menu contextuel apparaît : cliquez sur la suggestion qui vous convient pour ce mot *Établissements* (il convenait de mettre une majuscule accentuée).

> La société ALTER Investissement, Banque prestataire de services d'Investissement S.A à conseil d'administration au capital de 51 034 075 euros, agréée par le Comité des Etablissements de Crédit et des Entreprises d'Investissement, dont le siège est 25, rue Marcel Sembat 92659 Boulogne Billancourt Cedex, inscrite au R.C.S. de Nanterre sous le numéro B 414 561 894 et représentée par son Président Directeur Général, (ci-après dénommée "l'Intermédiaire" ou "ALTER Investissement").¶

CAS 3 : VÉRIFIER, ANNOTER, SURLIGNER, TRADUIRE

- Traitez tous les mots suspects présents sur la première page du rapport.
- Si le mot suspect vous convient, par exemple c'est un nom propre comme Marcel Sembat. Vous pouvez cliquer sur la commande contextuelle Ignorer tout pour ne plus considérer ce mot comme suspect et donc supprimer le soulignement ondulé rouge sous toutes les occurrences de ce mot dans le document.
- Corrigez l'orthographe selon les suggestions sur la seconde page, le premier mot repéré est assurence qui contient une faute de frappe à rectifier avec la suggestion *assurance*.

Vérifiez avec l'assistant de vérification

Cette autre méthode permet de passer en revue tous les mots suspects sans en oublier un seul (c'est un avantage) au travers d'un dialogue. Utilisez-la pour corriger la suite du document.

- Cliquez le point d'insertion au début du texte à vérifier (début de la page 4), puis sous l'onglet **Révision**>groupe **Vérification**, cliquez sur le bouton **Grammaire et orthographe** ou appuyez sur F7.

La vérification commence depuis l'endroit où est le point d'insertion vers la fin du document, au prochain mot suspect rencontré, le dialogue *Grammaire et orthographe* est affiché :

Dans la zone <Absent du dictionnaire>, le mot suspect (non reconnu par le dictionnaire) apparaît en couleur rouge. Vous avez les possibilités suivantes :

- Corrigez le mot dans la zone ❶ ou sélectionnez le mot dans la liste ❷, puis cliquez sur [Modifier], ou [Remplacer tout] si c'est une correction qui risque de se retrouver ailleurs.
- Cliquez sur [Ajouter au dictionnaire] pour ajouter au dictionnaire le mot suspect.
- Cliquez sur [Ignorer] pour ne pas corriger et ne plus considérer cette occurrence comme suspecte ou sur [Ignorer tout] pour ne plus considérer ce mot comme suspect dans tout le document.

- Corrigez ainsi tout le document en ajoutant les noms propres au dictionnaire.

Quand la vérification atteint la fin du document, Word vous demande si vous voulez la poursuivre au début du document : cliquez sur [Oui] pour continuer la recherche.

La recherche se poursuit au début et, quand la vérification a parcouru tout le document, un message vous informe que la vérification de l'orthographe est terminée.

- Cliquez sur [OK] pour finir.
- Enregistrez le document.

Soyez conscient que la vérification orthographique n'est qu'une aide partielle, et ne dispense pas d'une relecture attentive. Elle peut laisser passer beaucoup d'erreurs, par exemple le dernier paragraphe du préambule commence par Il appartiens ..., le mot appartiens est dans le dictionnaire car appartenir conjugué à la deuxième personne du présent est appartiens, il s'agit ici d'une faute de conjugaison que la vérification orthographique de Word ne détecte pas.

Mettez en évidence les erreurs de grammaire

Activez les options de Word permettant de vérifier la grammaire :

- Cliquez sur l'onglet **Fichier** puis sur **Options**, sélectionnez la catégorie *Vérification*, puis dans la partie droite du menu : cochez la case <☑ Vérifier la grammaire au cours de la frappe>.

- Cliquez sur [OK].

Avec cette option, les erreurs grammaticales apparaissent soulignées d'un trait ondulé vert. Faites défiler le document et repérez la première erreur grammaticale, page 2 : Il appartiens.

- Cliquez droit sur l'expression soulignée d'un trait ondulé vert, puis choisissez l'une des suggestions de correction. Corrigez ainsi les erreurs de grammaire soulignées jusqu'à la fin de la page 4.

Vérifiez la grammaire avec l'assistant de vérification

Cette autre méthode permet de relever les erreurs de grammaire en même temps que les mots suspects au travers d'un dialogue. Utilisez cette méthode pour la suite du document.

- Cliquez au début du texte à vérifier (début de la page 5), puis sous l'onglet **Révision**>groupe **Vérification**, cliquez sur le bouton **Grammaire et orthographe** ou appuyez sur F7.

La vérification commence depuis l'endroit où est le point d'insertion vers la fin du document, et affiche le dialogue à la prochaine anomalie grammaticale (ou prochain mot suspect) rencontrée.

- Sélectionnez la suggestion en ❷ et cliquez sur remplacer, ou corrigez directement dans la zone ❶, puis cliquez sur [Remplacer] pour rectifier ou, si vous voulez conserver la phrase en l'état et la présence du soulignement ondulé, cliquez sur [Phrase suivante].
- Poursuivez la vérification grammaticale et la correction sur tout le document.

Utilisez le volet de navigation

- Affichez l'Explorateur de documents : sous l'onglet **Affichage**>groupe **Afficher**, cochez la case <☑ Volet de navigation>.

- Dans le volet de navigation, cliquez sur l'un des titres numérotés, ce titre s'affiche dans le haut de la fenêtre document, le point d'insertion est placé devant le premier caractère de ce titre. Faites des essais sur plusieurs titres.

Recherchez des synonymes

- Cliquez sur le titre PRÉAMBULE dans le volet de navigation.
- Dans la deuxième ligne du second paragraphe, cliquez sur le mot pour lequel vous cherchez un synonyme : notamment, puis Maj + F7 ou sous l'onglet **Révision**>groupe **Vérification**, cliquez sur le bouton **Dictionnaire des synonymes**.

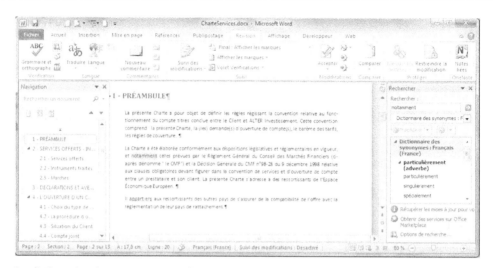

Le dictionnaire des synonymes s'affiche dans le volet *Rechercher* qui s'ouvre sur la droite de la fenêtre, avec la liste des synonymes du mot sur lequel se trouve le point d'insertion.

- Dans le volet *Rechercher*, cliquez droit sur le synonyme choisi, ici `particulièrement`, puis sur la commande contextuelle Insérer pour remplacer le mot dans le document.

Insérez des commentaires

En affichage *Page* un commentaire est affiché par défaut dans une bulle à droite du document. Mais vous pouvez n'afficher qu'une marque de commentaire, dans ce cas, lorsque vous amenez le pointeur sur cette marque, le commentaire apparaît dans une infobulle.

- Insérez des commentaires : placez le point d'insertion au début de la page 2, sous l'onglet **Révision**>groupe **Commentaire** cliquez sur le bouton **Nouveau commentaire** puis saisissez : `Ce document a été vérifié par le service juridique.`

Changez le mode d'affichage des commentaires

- Sous l'onglet **Révision**>groupe **Suivi** cliquez sur le bouton **Bulles**, puis sur la commande Afficher toutes les révisions dans le texte, les commentaires apparaissent comme une marque dans le texte, dans l'exemple `[PDU1]` où PDU sont les initiales de l'auteur du commentaire et 1 est un numéro de séquence du commentaire.
- Amenez le pointeur sur la marque de commentaire `[PDU1]`, une infobulle apparaît et affiche le texte du commentaire précédé du nom de l'auteur et de la date.

- Cliquez dans le paragraphe suivant après le montant `51 034 075 euros`, insérez le commentaire : `Montant du capital à faire confirmer.`

CAS 3 : VÉRIFIER, ANNOTER, SURLIGNER, TRADUIRE

- Dans le deuxième paragraphe de l'article PRÉAMBULE, cliquez juste après 1998, puis insérez le commentaire : Date à vérifier.
- Sous l'onglet **Révision**>groupe **Suivi** cliquez sur le bouton **Bulles**, puis sur la commande Afficher les révisions dans les bulles, les commentaires apparaissent dans des infobulles dans un ruban à droite du document.

Masquez ou non les commentaires

Les commentaires peuvent être rendus invisibles :

- Sous l'onglet **Révision**>groupe **Suivi** cliquez sur le bouton **Afficher les marques**, puis cliquez sur *Commentaires* pour désactiver l'affichage des commentaires, réactivez l'affichage des commentaires de la même façon.

De façon plus générale, toutes les marques peuvent être rendues invisibles :

- Sous l'onglet **Révision**>groupe **Suivi** cliquez sur le bouton **Afficher pour la révision**, puis cliquez sur *Final* pour afficher le document tel qu'il serait si vous supprimiez les commentaires (plus généralement les marques de révision).
- Pour réafficher le document avec les commentaires (plus généralement avec les marques de révision), procédez comme précédemment et choisissez *Final : afficher les marques*.

Supprimez un commentaire

- Cliquez droit sur la marque ou la marque de commentaire, qui suit 51 034 075 euros, puis sur la commande contextuelle Supprimer le commentaire.

Remplacez un terme par un autre

Vous allez remplacer dans tout le document le terme ALTER Investissement par ALTER Courtage.

- Placez le point d'insertion au début du texte du rapport, puis appuyez sur ⌐Ctrl⌐+F, ou sous l'onglet **Accueil**>groupe **Modification** cliquez sur le bouton **Remplacer**.
- Dans le dialogue, sous l'onglet Remplacer, dans la zone <Rechercher> : tapez ALTER Investissement et, dans la zone <Remplacer par>, tapez ALTER Courtage, cliquez sur [Remplacer], vérifiez le résultat puis, s'il vous convient, cliquez sur [Remplacer tout].

Après quelques instants, un message indique le nombre de remplacements effectués. [Remplacer tout] effectue aussi le remplacement dans les en-têtes et les pieds de page.

- Cliquez sur [OK].

Modifiez la mise en forme de toutes les occurrences du nom ALTER Courtage

Vous voulez changer la mise en forme des ALTER Courtage dans tout le texte.

- Appuyez sur ⌐Ctrl⌐+F, ou sous l'onglet **Accueil**>groupe **Modification** cliquez sur le bouton **Remplacer**. Dans le dialogue, sous l'onglet Remplacer, dans la zone <Rechercher> : sélectionnez le contenu, saisissez à la place ALTER Courtage, sélectionnez à nouveau le contenu et copiez-le dans le Presse-papiers, puis cliquez dans la zone <Remplacer par> : collez le contenu du Presse-papiers. Cliquez sur [Format] puis sur Police... (si nécessaire cliquez sur [Plus>] pour faire apparaître [Format]), sélectionnez la police *Copperplate Gothic Bold* et cochez l'attribut <☑ Majuscules>, cliquez sur [OK], puis cliquez sur [Remplacer tout], puis sur [OK] puis sur [Fermer].

Toutes les occurrences sont formatées avec la police choisie, **ALTER COURTAGE**.

Expérimentez une autre méthode, utilisable seulement si les termes à reformater sont déjà formatés d'une façon spécifique qui les différencie des autres.

■ Cliquez droit sur une des occurrences de **ALTER COURTAGE**, puis sur Styles..., puis sur Sélectionner le texte ayant une mise en forme semblable, puis appliquez aux caractères la couleur *Rouge, Accentuation 2* du thème.

Modifiez la mise en forme des occurrences du mot Client avec un C majuscule

■ Cliquez sur le bouton **Remplacer**. Dans le dialogue *Rechercher et remplacer*, triple-cliquez dans la zone <Rechercher> et saisissez Client (avec C majuscule) ; cochez <☑ Respectez la casse> et <☑ Mot entier> ; dans la zone <Remplacer par>, triple-saisissez Client (avec un C majuscule) ; cliquez sur [Format] puis sur Police... et choisissez la <Couleur de police> en *Bleu Foncé* et le <Style de police> en *Gras*. Validez par [OK]. Cliquez sur [Remplacer tout]. Au message vous avertissant que 88 remplacements ont été effectués, validez par [OK] puis [Fermer].

■ Ensuite, cliquez droit sur une des occurrences de Client, puis sur Styles..., puis sur Sélectionner le texte ayant une mise en forme semblable, puis appliquez la police *Tahoma*.

Surlignez une partie du texte

Le surlignage vous permet d'attirer l'attention du lecteur sur une partie importante de votre document. Le surlignage est imprimé avec le texte tel qu'il apparaît à l'écran. Vous allez surligner du texte, puis retirer le surlignage.

■ Sous l'onglet **Accueil**>groupe **Police** cliquez sur la **flèche** du bouton **Couleur de surbrillance**, puis cliquez sur la couleur dans la palette, le pointeur se transforme en marqueur, sélectionnez la première phrase de la partie PRÉAMBULE, puis faites défiler le document vers l'avant et sélectionnez une autre portion du texte, vous pouvez donc surligner plusieurs portions disjointes du texte jusqu'à ce que vous tapiez la touche Echap.

> ▪ 1 - PRÉAMBULE¶
>
> La présente Charte a pour objet de définir les règles régissant la convention relative au fonctionnement du compte titres conclue entre le Client et **ALTER COURTAGE**. Cette convention comprend : la présente Charte, la (les) demande(s) d'ouverture de compte(s), le barème des tarifs, les règles de couverture. ¶
>
> La Charte a été élaborée conformément aux dispositions législatives et réglementaires en vigueur, et particulièrement celles prévues par le Règlement Général du Conseil des Marchés Financiers (ci-après dénommé " le CMF") et la Décision Générale du CMF n°98-28 du 9 décembre 1998 relative aux clauses obligatoires devant figurer dans la convention de services et d'ouverture de compte entre un prestataire et son client. La présente Charte s'adresse à des ressortissants de l'Espace Économique Européen. ¶

■ Supprimez ensuite tout ou partie d'un surlignage : procédez comme pour surligner, mais choisissez *Aucune couleur* dans la palette.

Repérez toutes les occurrences d'un mot ou d'un groupe de mots

■ Appuyez sur Ctrl+F, ou sous l'onglet **Accueil**>groupe **Modification** cliquez sur le bouton **Rechercher**, le volet *Navigation* s'ouvre à gauche de la fenêtre. Dans la zone en haut du volet de navigation, saisissez le mot ou l'expression, ici charte. Toutes les occurrences de charte dans le document sont listées dans le volet *Navigation*, et dans le texte elles sont repérées par un fond de couleur orange.

■ Pour enlever le repérage que vous venez d'appliquer : cliquez sur la case X à gauche de la zone en haut du volet de navigation.

CAS 3 : VÉRIFIER, ANNOTER, SURLIGNER, TRADUIRE

Faites traduire quelques phrases

Il est possible de traduire dans une autre langue une ou quelque phrases. Word fait alors appel au site de traduction Web *WorldLingo*. Vous devez donc être connecté à Internet. La qualité de la traduction est approximative, mais suffisante pour être compréhensible.

- Sélectionnez un (ou plusieurs) paragraphe dans le document, puis sous l'onglet **Révision**>groupe **Vérification** cliquez sur le bouton **Traduire**, puis sur Traduire le texte sélectionné.

Le volet *Rechercher* s'ouvre sur la droite de la fenêtre, le texte sélectionné est inscrit dans la zone <Rechercher>, dans la zone située au-dessous : *Traduction* est sélectionné, la phrase a été envoyée au site *WorldLingo* qui a renvoyé la traduction sous la rubrique *WordLingo*.

La langue d'origine par défaut est le français, la langue vers laquelle WordLingo effectue la traduction est par défaut l'anglais (États-Unis). Vous pouvez sélectionner d'autres langues.

Vous pouvez copier/coller le texte traduit en anglais obtenu dans le volet *Recherche* dans le document en cours, ou dans un autre document, et finaliser la traduction vous-même.

Faites traduire tout le document

- Dans le volet *Rechercher*, cliquez sur la pastille verte fléchée à droite de *Traduire tout le document*, une fenêtre de votre navigateur s'ouvre.

Une traduction automatique approximative de la première page du document est proposée dans la fenêtre de votre navigateur, mais les pages suivantes restent en français. Il s'agit simplement de vous montrer ce que peut faire le traducteur. Pour obtenir un devis sur une traduction professionnelle (humaine), rendez-vous sur le site WordLingo.

Affichez une mini-fenêtre de traduction

- Sous l'onglet **Révision**>groupe **Vérification** cliquez sur le bouton 🔲 **Mini-traducteur** (la langue de traduction est par défaut l'anglais, pour la changer cliquez sur **Traduire** puis sur Choisir la langue de traduction. Essayez cette commande mais ne changez pas la langue.
- Amenez ensuite le pointeur et laissez-le immobile un instant sur un mot dont vous voulez la traduction ; une mini-fenêtre translucide apparaît, amenez le pointeur dessus, la mini-fenêtre se précise et affiche les traductions possibles des différents sens du mot. Ce mini-traducteur peut inversement vous aider à comprendre un terme dans un texte en anglais, en prenant l'anglais comme langue source de traduction et le français pour le mini-traducteur. Trouvez la traduction anglaise de trois mots du document.
- Désactivez le mini-traducteur en cliquant sur le bouton **Mini-traducteur.**

Charte **ALTER COURTAGE**

Entre le Client[1], le ou les titulaire(s) donneurs d'ordres, (ci-après dénommé "le Client").

D'une part

_____

Et :

_____

La société **ALTER COURTAGE**, Banque prestataire de services d'investissement S.A. à conseil d'administration au capital de 51 034 075 euros, agréée par le Comité des Établissements de Crédit et des Entreprises d'Investissement, dont le siège est 25, rue Marcel Sembat 92659 Boulogne Billancourt Cedex, inscrite au R.C.S. de Nanterre sous le numéro B 414 561 894 et représentée par son Président Directeur Général, (ci-après dénommée "l'intermédiaire" ou "**ALTER COURTAGE**").

Évolution du nombre de comptes

	2008	2009	2010	2011
Comptes Titres	35 784	42 941	51 529	60 000
Comptes PEA	24 984	29 981	35 977	59 708
Total	60 768	72 922	87 506	105 007

> Tableau lié à une feuille Excel

> Graphique lié à un graphique Excel

D'autre part,

il a été convenu ce qui suit :

_____

[1] Résident en métropole exclusivement

Paul Dupuis - 23/02/2011   2/13

CAS 4 : TABLEAUX ET GRAPHIQUES AVEC EXCEL

Fonctions utilisées

– *Incorporer un classeur Excel*
– *Tableau lié à un classeur*
– *Incorporer un graphique Excel*

– *Graphique lié à un graphique Excel*
– *Créer un graphique*
– *Modifier un graphique*

20 mn

Vous allez travailler sur le document texte que vous avez achevé dans le cas pratique n°3. Si vous n'avez pas réalisé complètement le cas précédent, ouvrez le fichier `CasA4`, et enregistrez-le sous le nom `CharteServices`, puis fermez le document.

Pour illustrer le rapport, vous allez insérer un tableau et un graphique. Ouvrez le document :

■ Cliquez sur l'onglet **Fichier**, puis dans le panneau de gauche cliquez sur le nom du fichier `CharteServices` ; rappelez-vous que les documents les plus récemment utilisés sont listés dans le panneau de gauche du mode backstage dans lequel vous basculez en cliquant sur **Fichier**.

Incorporez un Objet Excel dans le document par copier-coller

Nous allons incorporer les données du fichier `C:\Exercices Word 2010\Evolution.xlsx`.

■ Passez en affichage *Final* de façon à ne pas voir les commentaires créés dans le cas précédent. Passez en affichage *Web*. Affichez la première page contenant du texte (la page 2). Insérez un paragraphe vide au-dessus du paragraphe qui débute par `D'autre part...`, puis placez le point d'insertion dans ce paragraphe (pour visualiser l'insertion d'un paragraphe vide, rendez visibles les marques de paragraphe).

■ Tapez `évolution du nombre de comptes` ⏎ qui repousse le paragraphe vide au-dessous.

■ Lancez Excel et ouvrez le fichier *Evolution.xlsx* (les commandes pour ouvrir un fichier sont les mêmes que sous Word).

■ Dans le classeur Excel, cliquez sur l'onglet de feuille *Répartition2*, sélectionnez la plage de cellules A3:E6, et copiez-les dans le *Presse-papiers*.

■ Basculez vers la fenêtre du document Word *CharteServices*, cliquez dans le paragraphe vide sous le titre `Évolution du nombre des comptes`, sous l'onglet **Accueil**>groupe **Presse-papiers** cliquez sur la **flèche** du bouton **Coller**, puis sur Collage spécial..., dans le dialogue sélectionnez *Feuille de calcul Microsoft Excel objet*, cliquez sur [OK].

Un objet Excel ❶ est incorporé dans le document sous forme d'un tableau dans le paragraphe à l'endroit du point d'insertion. Toutes les données du classeur Excel sont incorporées dans le document Word, bien que seules les cellules copiées soient visibles.

■ Modifiez les données du tableau : double-cliquez sur l'objet Excel, il se transforme en une fenêtre affichant la feuille de calcul, et dans Ruban les commandes Excel ont remplacé les commandes Word. Cliquez sur la cellule A1 dans la feuille visible, dans l'objet Excel.

CAS 4 : TABLEAUX ET GRAPHIQUES AVEC EXCEL

- Vous pouvez changer de feuille : cliquez sur l'onglet de feuille *Répartition1*, pour voir les données de cette feuille.

- Faites défiler verticalement la feuille de calcul jusqu'à voir une partie du graphique. Cliquez sur l'objet graphique à l'intérieur de la feuille Excel.

- Cliquez en dehors de l'objet. C'est la partie de la **feuille** Excel que vous avez affichée en dernier lieu dans la fenêtre qui reste visible dans l'objet Excel incorporé dans le document Word.

- Cliquez sur l'objet Excel, puis appuyez sur [Suppr] pour le supprimer.

Incorporer un tableau Excel par la commande insertion objet

- Vous allez utiliser cette autre méthode pour incorporer des données Excel.

CAS 4 : TABLEAUX ET GRAPHIQUES AVEC EXCEL

- Sous l'onglet **Insertion**>groupe **Texte** cliquez sur la **flèche** du bouton **Objet**. Dans le menu, cliquez sur l'onglet **Créer à partir d'un fichier**, puis cliquez sur [Parcourir] et sélectionnez le dossier `C:\Exercices Word 2010` puis le fichier `Evolution.xlsx`, cliquez sur [Insérer].

- Validez par [OK].

- Un objet Excel incorporé est inséré. Vous pouvez afficher dans l'objet une plus ou moins grande partie de la feuille de calcul, par exemple pour ne pas afficher le graphique ni la ligne des totaux : double-cliquez sur l'objet, puis faites glisser vers le haut la poignée de redimensionnement du milieu du bord inférieur, déplacez la feuille à l'intérieur de la fenêtre Excel incorporée, comme sur la figure ci-dessous.

- Vous allez recommencer pour afficher seulement le graphique de la feuille *Répartition 2* : double-cliquez sur l'objet, la fenêtre Excel s'ouvre dans l'objet.

- Cliquez sur l'onglet de feuille *Répartition2*, faites défiler la feuille jusqu'au graphique, agrandissez la taille de l'objet pour voir le graphique en entier. Cliquez sur le graphique.

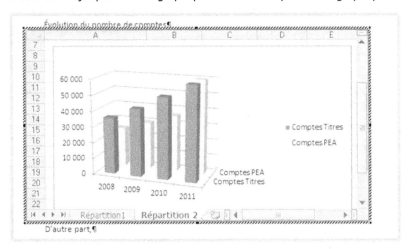

- Cliquez en dehors de l'objet Excel.
- Double-cliquez à nouveau sur la feuille, faites défiler la feuille de façon à voir complètement la plage de cellules A3:E6, en haut de la fenêtre Excel, puis faites glisser la bordure inférieure de l'objet pour diminuer la hauteur de la fenêtre et ne laisser que les lignes 3 à 6, comme dans la figure ci-dessous.

- Cliquez en dehors de l'objet Excel.
- Cliquez simplement sur l'objet tableau Excel puis supprimez-le en tapant `Suppr`.

Insérez un tableau Word à partir des données d'une feuille Excel

- Comme précédemment, ouvrez le classeur `Evolution.xlsx`, copiez la plage de cellules A3:E6 de la feuille *Répartition2*, basculez dans le document Word, cliquez dans le paragraphe sous le `Évolution du nombre des clients`, cliquez sur le bouton **Coller**.

Évolution du nombre de comptes¶

	2008¤	2009¤	2010¤	2011¤
Comptes Titres¤	35 784¢	42 941¢	51 529¢	60 000¢¤
Comptes PEA¤	24 984¢	29 981¢	35 977¢	59 708¢¤
Total¤	60 768¢	72 922¢	87 506¢	105 007¢¤

¶

Le tableau obtenu maintenant est un tableau Word et pas un objet Excel, seules les données copiées sont collées dans le document Word. Le tableau Word a toutefois été mis en forme en reprenant la mise en forme des cellules de la feuille Excel. Vous pouvez ici modifier les données dans Word sans avoir à ouvrir un objet Excel.

CAS 4 : TABLEAUX ET GRAPHIQUES AVEC EXCEL

Les données Excel étant encore dans le Presse-papiers, cliquez sous le tableau Word, puis cliquez sur la **flèche** du bouton **Coller**, puis sur Collage spécial..., dans le dialogue vous voyez les formats disponibles, le format utilisé lorsque vous cliquez sur le bouton **Coller** est le *Format HTML*. Cliquez sur [Annuler] pour fermer le dialogue sans exécuter le collage.

- Supprimez le tableau que vous avez précédemment inséré dans Word : cliquez dans le tableau, puis sous l'onglet **Disposition**>groupe **Lignes et colonnes** cliquez sur le bouton **Supprimer**, puis sur la commande Supprimer le tableau.

Insérez une image d'un tableau Excel

- Les données Excel sont encore dans le Presse-papiers, cliquez sous le tableau Word, puis cliquez sur la **flèche** du bouton **Coller**, puis sur Collage spécial..., sélectionnez un des formats *Image*, cliquez sur [OK].

- L'objet inséré est cette fois-ci une image des cellules de la feuille de calcul, mais les données ne sont pas modifiables dans ce cas.
- Supprimez l'image : cliquez sur l'image puis appuyez sur Suppr.

Insérez une image de tableau liée à une source de données Excel

Les données que vous avez incorporées sous forme d'objet Excel, de tableau au format Word, ou d'image ne sont pas liées au fichier source Evolution.xlsx : elles ne sont pas actualisées lorsque les données source sont modifiées, sauf si on recommence l'opération de copier-coller. Les données qui ont été collées sont indépendantes des données source.

Vous pouvez coller avec liaison les données provenant du fichier Excel, afin qu'elles soient actualisées si le fichier source est modifié, sans refaire l'opération de copier-coller. Dans ce cas, le document Word ne stocke que l'emplacement du fichier source et affiche une représentation des données liées. Les données sont stockées dans le classeur Excel.

- Les données sont encore dans le Presse-papiers, cliquez dans le paragraphe vide sous le titre Évolution du nombre des comptes, sous l'onglet **Accueil**>groupe **Presse-papiers** cliquez sur la **flèche** du bouton **Coller**, puis sur Collage spécial...

- Dans le dialogue, activez l'option <⊙ Coller avec liaison> puis sélectionnez le format *Image*, cliquez sur [OK].

Vous l'image est liée aux données source sélectionnées dans le classeur Excel. Un objet lié n'est pas un objet incorporé, les données sont stockées dans le fichier source. La modification des données ne peut se faire que dans le fichier source.

CAS 4 : TABLEAUX ET GRAPHIQUES AVEC EXCEL

- Double-cliquez sur l'image, une fenêtre Excel s'ouvre non pas dans un objet incorporé dans le document Word, mais comme une fenêtre application Windows en plus de la fenêtre application Word. Cette nouvelle fenêtre affiche les données du fichier source, faites une modification des données puis fermez le fichier Excel. L'image est alors actualisée dans le document Word.

Insérez un tableau Word lié à une source de données Excel

- Insérez un paragraphe vide sous l'image du tableau inséré précédemment, et cliquez dans ce paragraphe vide.

- Basculez vers la fenêtre Excel, ouvrez le fichier Excel, copiez-collez comme précédemment, en activant l'option <⊙ Coller avec liaison> et en sélectionnant le format *Texte mis en forme (RTF)* ou *Format HTML*, fermez le fichier Excel.

- Le tableau est collé sous la forme d'un tableau Word. Modifiez des données directement dans le tableau Word.

- Cliquez droit dans le tableau, puis sur Mettre à jour les liaisons, les modifications directes que vous aviez faites sont écrasées par les données source de la feuille Excel.

- Si vous voulez modifier les données, il faut le faire dans la feuille Excel : cliquez droit dans le tableau, puis sur Objet feuille de calcul liée, puis sur Lien Edition, la fenêtre Excel s'ouvre et affiche les données source, modifiez les données puis fermez le fichier Excel. Cliquez dans le tableau Word, et appuyez sur F9, les données sont actualisées.

- Cliquez sur l'image du tableau situé au-dessus, appuyez sur F9, l'image est actualisée.

Gérez les liens vers les fichiers source

- Cliquez sur l'onglet **Fichier** puis sur *Modifier les liens d'accès au fichier* dans le panneau de droite, en bas.

Le dialogue *Liaisons* affiche la liste des liens vers des fichiers source, permet de les mettre à jour pour actualiser les données, de définir la méthode de mise à jour des liens ou de rompre le lien.

- Définissez une mise à jour manuelle : sélectionnez les liens, puis activez l'option <⊙ Mise à jour manuelle>, cliquez sur [OK].

- Ouvrez la fenêtre Excel et modifiez la première valeur de la colonne 2010 en `60 000`, basculez vers la fenêtre Word *CharteServices*, cette valeur modifiée n'a pas encore été actualisée dans le document Word, mais vous pouvez mettre à jour les liens de la façon suivante : cliquez sur le premier tableau puis appuyez sur [F9], cliquez sur le second tableau puis appuyez sur [F9], cliquez sur le premier tableau puis appuyez sur [F9].
- Redéfinissez la mise à jour automatique : sélectionnez les liens, puis activez l'option <⊙ Mise à jour automatique>, cliquez sur [OK].
- Vérifiez cette mise à jour automatique : ouvrez la fenêtre. Basculez vers la fenêtre `Evolution.xlsx` et modifiez la première valeur de la colonne 2007 en `62 345`, basculez vers la fenêtre Word *CharteServices*, constatez que les tableaux Word ont été actualisés.

Paramétrez la mise à jour des liens à l'ouverture du fichier Word

- Modifiez les options de mise à jour des liens à l'ouverture : cliquez sur l'onglet **Fichier** puis sur **Options**, puis sur *Options avancées*, dans la partie droite du menu sous la rubrique Général cochez la case <☑ Mise à jour des liaisons à l'ouverture>, cliquez sur [OK].
- Fermez le fichier *CharteServices*, basculez vers la fenêtre Excel, modifiez les deux premières valeurs de la colonne 2010, enregistrez le fichier Excel, basculez vers la fenêtre Word, ouvrez le fichier *CharteServices*, un message vous demande si vous voulez mettre à jour les liens.

- Cliquez sur [Oui] pour mettre à jour tous les liens du document.
  Si vous ouvrez le fichier sans mettre à jour les liens, vous pourrez les mettre à jour manuellement par [F9] ou par le dialogue *Liaisons* vu précédemment.

Insérez un graphique avec liaison vers le fichier source Excel

Vous allez insérer un graphique qui existe déjà dans le classeur `Evolution.xlsx`. Vous pouvez le copier-coller dans le document Word.

- Supprimez l'image du tableau Excel et supprimez le tableau Word lié au fichier Excel.
- Ouvrez le fichier Excel `Evolution.xlsx`, cliquez sur le graphique dans la feuille *Répartition2*, copiez l'objet graphique dans le Presse-papiers.
- Basculez vers la fenêtre Word *CharteServices*, cliquez dans le second paragraphe vide sous le tableau Excel, cliquez sur le bouton **Coller**.

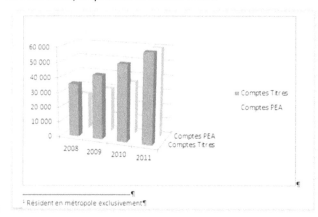

- Fermez le fichier Excel, puis cliquez sur le graphique, sous l'onglet **Création**>groupe **Données** cliquez sur le bouton **Modifier les données**.

Une fenêtre Excel s'ouvre et affiche le classeur source `Evolution.xlsx`. Modifiez les données source, puis fermez le classeur Excel, le graphique est actualisé dans le document Word.

L'objet obtenu est une image du graphique Excel, liée aux données source du fichier Excel, le coller simple d'un graphique Excel établit un graphique dont les données sont prises dans le fichier source `Evolution.xlsx`.

Insérez le graphique en tant qu'objet Excel incorporé

Vous voulez maintenant que le graphique soit incorporé avec toutes les données du classeur Excel dans le document Word, et non plus lié au fichier source.

- Ouvrez le fichier Excel `Evolution.xlsx`, cliquez sur le graphique dans la feuille *Répartition2*, copiez l'objet graphique dans le Presse-papiers.
- Basculez vers la fenêtre Word *CharteServices*, cliquez dans le paragraphe vide sous le graphique inséré précédemment, cliquez sur la **flèche** du bouton **Coller**, puis sur Collage spécial..., dans le dialogue double-cliquez sur Graphique Microsoft Office Excel objet (sans activer l'option de liaison).

Le graphique a été inséré en tant qu'objet Excel incorporé, toutes les données du classeur source ont été copiées dans l'objet dans le document Word. Fermez le classeur `Evolution.xlsx`.

- Double-cliquez sur l'objet graphique Excel, dans l'objet s'ouvre une fenêtre Excel qui affiche le classeur et dans le Ruban les commandes Excel ont remplacé les commandes Word.
- Balayez avec le pointeur la zone située sous le graphique, vous faites apparaître les onglets des feuilles de calcul du classeur incorporé.

- Si l'objet Excel a pris une autre taille, redimensionnez-le en faisant glisser les bordures.

L'objet inséré est un objet incorporé Excel, qui contient toutes les données du classeur Excel, plus un onglet *Graph1* qui a été créé et qui contient le graphique affiché dans l'objet.

- Cliquez sur la feuille *Répartition2*, modifiez la première cellule de l'année 2010 en 65000, puis cliquez sur la feuille *Graph1*, le graphique est actualisé, cliquez en dehors de l'objet.
- Vous pouvez ouvrir le fichier `Evolution.xlsx` pour vérifier qu'il n'a pas été modifié, les données de l'objet Excel incorporé sont indépendantes de celles du fichier `Evolution.xlsx`. Fermez le fichier `Evolution.xlsx`.

Modifiez la représentation graphique

Vous avez vu précédemment comment modifier les données d'un graphique inséré dans un document Word à partir d'un classeur Excel.

Vous allez maintenant modifier la représentation graphique elle-même : le type de graphique, les couleurs, le titre, les axes, la légende...

Vous utiliserez les boutons des onglets contextuels **Outils de graphiques** : **Création**, **Disposition**, **Mise en forme** qui s'affichent sur le Ruban lorsque vous avez double-cliqué sur le diagramme.

■ Supprimez le graphique avec liaison vers le fichier `Evolution.xlsx`.

■ Explorez les possibilités de modification : double-cliquez sur l'objet graphique Excel incorporé, puis effectuez les exemples suivants de modification du graphique :

■ Augmentez la taille des caractères des axes et de la légende : cliquez sur un des textes, tous les textes sont sélectionnés dans un cadre, sous l'onglet **Insertion**>groupe **Police**, sélectionnez la taille *12*.

■ Modifiez le type de graphique : sous l'onglet **Création**>groupe **Type** cliquez sur le bouton **Modifier le type de graphique**, sélectionnez une vignette, cliquez sur [OK].

■ Ajouter un titre : sous l'onglet **Disposition**>groupe **Étiquettes** cliquez sur le bouton **Titre du graphique**, cliquez sur Au-dessus du graphique, saisissez le texte du titre Nombre des comptes, terminez par ⏎. Mettez le titre en taille *14*.

■ Modifiez les couleurs des formes graphiques représentant les séries de données : cliquez sur une forme, puis sous l'onglet **Mise en forme**>groupe **Styles de forme** cliquez sur le bouton **Remplissage de forme**, et sélectionnez une couleur.

■ Lorsque vous avez achevé la représentation graphique, cliquez en dehors de l'objet graphique.

■ Supprimez cet objet graphique.

Créez un graphique sous Word

■ Cliquez dans un paragraphe vide sous le graphique incorporé Excel précédent, puis sous l'onglet **Insertion**>groupe **Illustration** cliquez sur le bouton **Graphique**, sélectionnez un type de graphique, cliquez sur [OK].

CAS 4 : TABLEAUX ET GRAPHIQUES EXCEL

Un graphique est immédiatement inséré dans le document, une fenêtre Excel s'affiche côte à côte avec la fenêtre Word et affiche des données exemple qu'il vous reste à modifier. Notez que les données Excel sont enregistrées dans l'objet Excel incorporé au document Word et non pas dans un fichier séparé.

- Saisissez les données dans la fenêtre Excel, et voyez le graphique s'actualiser automatiquement. Formatez les nombres. La plage des données représentée est délimitée en bleu. Pour redimensionner la plage des données, faites glisser le coin inférieur droit.

- Fermez la fenêtre Excel.
- Pour modifier les données représentées, double-cliquez sur le graphique, puis dans le Ruban sous l'onglet **Création**>groupe **Données** cliquez sur le bouton **Modifier les données**, la fenêtre Excel s'ouvre et affiche les données pour modification. Lorsque vous avez fini la modification des données, cliquez en dehors de l'objet graphique.
- Pour modifier la représentation graphique : double-cliquez sur l'objet graphique et procédez comme précédemment, lorsque vous avez terminé cliquez en dehors de l'objet graphique.
- Supprimez le graphique que vous venez de créer.

Pour terminer

- Supprimez les objets graphiques Excel incorporés, réinsérez le tableau lié et le graphique lié.
- Supprimez les paragraphes vides au-dessus du tableau et du graphique.
- Supprimez les paragraphes vides au-dessous du tableau et du graphique.
- Fermez le document Word en l'enregistrant.
- Basculez vers le classeur Excel et arrêtez l'application Excel.

CAS 5 : TABLE DES MATIÈRES ET INDEX

Index

Règles de fonctionnement

CAS 5 : TABLE DES MATIÈRES ET INDEX

Vous allez finaliser le rapport sur lequel vous avez travaillé dans le cas pratique n°4. Si vous n'avez pas achevé le cas précédent, ouvrez le fichier `CasA5`, enregistrez-le sous le nom `CharteServices`, et fermez le document.

Vous allez créer une table des matières et un index. La table des matières viendra se placer entre la page de couverture et le rapport, et l'index sera situé en fin de rapport.

Ouvrez le document récemment ouvert

- Ouvrez le document : cliquez sur l'onglet Fichier, puis dans le panneau de gauche cliquez sur le nom du fichier `CharteServices`.
  Un message vous demande si vous voulez mettre à jour les liens.

- Cliquez sur [Oui] pour mettre à jour tous les liens du document.

Créez la table des matières

- Placez le point d'insertion devant le premier paragraphe de la 2e page, `Entre le client...`
- Insérez un saut de page : appuyez sur `Ctrl`+`↵` ou sous l'onglet **Mise en page**>groupe **Mise en page** cliquez sur le bouton **Sauts de pages** puis sur Page.

Une marque *Saut de page* est insérée.

- Pour voir cette marque *Saut de page*, rendez visibles les caractères spéciaux : cliquez sur le bouton `¶` sous l'onglet **Accueil**>groupe **Paragraphe**.
- Pour faciliter la visibilité de l'endroit où se situe le saut de page, passez en affichage *Brouillon*.

- Cliquez devant la marque *Saut de page* (pas sur celle de saut de section) puis saisissez `Règles de fonctionnement`↵.

Le texte saisi s'insère devant la marque *Saut de page*.

- Centrez et mettez en taille `24` le paragraphe `Règles de fonctionnement`, appliquez à ce paragraphe un espace après de `0,5 cm`. Centrez le paragraphe.

CAS 5 : TABLE DES MATIÈRES ET INDEX

- Cliquez devant la marque *Saut de page*, puis sous l'onglet **Références**>groupe **Table des matières** cliquez sur le bouton **Table des matières**, puis sur Insérer une table des matières...

Ce dialogue permet de définir les paramètres de la table de matière : afficher ou non les numéros de page, les aligner ou non à droite, définir des points de suite, définir quels niveaux de titre doivent être traités... Le bouton [Options...] sert à indiquer quels sont les styles de titre, dans notre cas ce sont les styles par défaut *Titre 1*, *Titre 2*, il n'y a donc pas à les redéfinir.

- Conservez les paramètres par défaut, cliquez sur [OK] pour générer la table des matières
  La table des matières est générée. Chaque ligne de cette table est un lien hypertexte.
- Maintenez appuyée la touche `Ctrl` et cliquez sur un des titres de la table, le point d'insertion se place dans le document devant le titre, revenez au sommaire par `F5` puis tapez 2 `↵`.
- Affichez l'aperçu avant impression et réduisez l'échelle à 60 % pour voir trois pages à la fois.

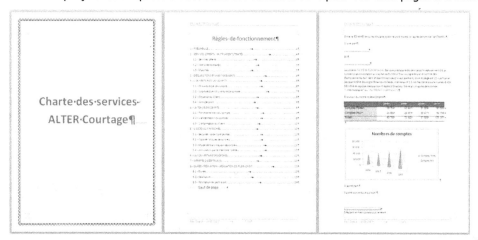

CAS 5 : TABLE DES MATIÈRES ET INDEX

Mettez en forme la table des matières

La table est automatiquement mise en forme à l'aide des styles *TM 1, TM 2* pour les différents niveaux de titre. Pour changer la mise en forme de la table des matières, il faut modifier ces styles. Vous allez aérer et changer la taille des caractères la table des matières.

■ Redéfinissez le style *TM 1* :
dans le volet *Styles*, cliquez droit sur le nom de style *TM 1*, puis sur Modifier...

■ Dans le dialogue : cliquez sur [Format] puis sur Paragraphe..., spécifiez l'espacement avant le paragraphe : `8 pt`, l'espace après le paragraphe : `6 pt`, le retrait gauche : `0,5 cm`, le retrait droit : `0,5 cm`, cliquez sur [OK], puis cliquez sur [Format] puis sur Police..., spécifiez la taille : `14`, cliquez sur [OK], validez en cliquant sur [OK].

■ Redéfinissez le style *TM 2* :
Sélectionnez en entier un paragraphe de style *TM 2*, formatez le paragraphe avec un espace avant : `4 pt`, espace après : `2 pt`, un retrait gauche : `1,25 cm` et un retrait droit : `0,5 cm`, le style est automatiquement mis à jour.
Pourquoi ? Cliquez droit sur le nom du style *TM 2* dans le volet *Styles* et constatez dans le dialogue *Modifier le style* que l'option <☑ mettre à jour automatiquement> est cochée par défaut, décochez maintenant cette option, cliquez sur [OK].

■ Redéfinissez à nouveau le style *TM 2* :
Sélectionnez en entier un paragraphe de style *TM 2*, formatez la police avec une taille : `12`, le style n'est plus automatiquement mis à jour. Pour le mettre à jour, cliquez droit sur le nom du style dans le volet *Styles*, puis sur Mettre à jour TM 2 pour correspondre à la sélection.

Modifiez les paramètres de la table des matières

■ Cliquez dans la table des matières, sous **Références**>groupe **Table des matières**, cliquez sur Table des matières puis sur Insérer une table des matières..., les paramètres de la table sélectionnée actuellement sont affichés, vous pouvez les modifier par exemple : décochez l'option <☑ Utiliser des liens hypertextes>, puis cliquez sur [OK] et confirmez que vous voulez remplacer la table des matières.

CAS 5 : TABLE DES MATIÈRES ET INDEX

Notez que lorsque vous changez les paramètres de la table des matières, vous régénérez une table des matières à la place de la précédente, et si vous choisissez un format prédéfini différent dans la zone <Formats> du dialogue *Table des matières*, les styles *TM 1* et *TM 2* seront modifiés pour prendre la mise en forme prédéfinie choisie dans <Formats> de la table des matières. Essayez le format *Soigné*, vérifiez que les styles *TM 1* et *TM 2* ont été modifiés.

Mettez à jour la table des matières

Si vous avez modifié, ajouté ou supprimé des titres dans le rapport, il faut mettre à jour la table des matières.

- Modifiez par exemple le titre numéroté : 2 – SERVICES OFFERTS – INSTRUMENTS TRAITÉS, modifiez le en 2 – SERVICES OFFERTS ET INSTRUMENTS TRAITÉS.
- Cliquez dans la table des matières puis appuyez sur F9, ou cliquez droit dans la table puis sur Mettre à jour les champs puis activez l'option <⊙ Mettre à jour toute la table>, cliquez [OK].

Il est possible d'empêcher la mise à jour : la table des matières est un champ, or il est possible de verrouiller les champs de façon à empêcher leur mise à jour.

- Cliquez dans la table des matières, puis appuyez sur Ctrl + F11.
- Appuyez sur F9, la mise jour ne s'effectue plus.
- Cliquez dans la table des matières, puis appuyez sur Ctrl + ⇧ + F11.
- Appuyez sur F9, la mise jour s'effectue à nouveau.

Il n'est pas possible de faire des modifications manuelles du texte dans la table des matières, mais sachez que toute modification directe de texte ne sera que temporaire, car à la prochaine mise à jour de la table elle sera perdue.

Insérez des entrées d'index

Les entrées d'index sont les termes que vous voulez voir figurer dans l'index. Pour construire un index, il faut insérer des entrées d'index dans les pages du document, puis la construction automatique de l'index rassemble toutes les entrées d'index, en indiquant le numéro de la page sur laquelle sur laquelle elles se trouvent.

- Cliquez dans le texte pour insérer l'entrée d'index, par exemple page 5 sous le sous-titre 2-3 Marchés, cliquez après Bourse de Paris, puis sous l'onglet **Référence**>groupe **Index** cliquez sur le bouton **Entrée**, le dialogue *Marquer les entrées d'index* s'affiche.
- Dans le dialogue, dans la zone <Entrée> : saisissez Bourse, dans la zone <Sous-entrée> : saisissez de Paris, cliquez sur [Marquer].

Un champ entrée d'index est visible dans le texte :

- La·Bourse·de·Paris{XE·"Bourse·de·Paris"}·premier·marché,·second·marché,·nouveau· marché,·marché·libre¶

L'affichage des caractères spéciaux est automatiquement activé, le champ {XE "Bourse:de Paris"} est inscrit en caractères masqués (qui apparaissent soulignés d'un pointillé).

Le dialogue *Marquer les entrées d'index* reste affiché.

- Cliquez dans le paragraphe suivant, après New-York Stock Exchange, puis cliquez dans la zone <Entrée> : saisissez Bourse, puis cliquez dans la zone <Sous-entrée> : saisissez de New-York, cliquez sur [Marquer].
- Faites défiler le document puis insérez les autres entrées dans le document.

- Page 7 : après `Titres PEA`, <Entrée> : `Compte`, <Sous-entrée> : `titres PEA`.
- Page 7 : après `Titres`, <Entrée> : `Compte`, <Sous-entrée> : `titres`.
- Page 7 : après `ouverture` **dans le titre** `4.2 - la procédure d'ouverture de compte`, <Entrée> : `Compte`, <Sous-entrée> : `ouverture`.
- Page 11 : après `transmission`, <Entrée> : `Ordre`, <Sous-entrée> : `de transmission`.
- Page 12 : après `annulation`, <Entrée> : `Ordre`, <Sous-entrée> : `d'annulation`.
- Page 8 : après `Procuration`, <Entrée> : `Client`, <Sous-entrée> : `procuration`.
- Page 8 : après `décès`, <Entrée> : `Client`, <Sous-entrée> : `décès`.
- Page 9 : après `OSRD`, <Entrée> : `OSRD`, **pas de** <Sous-entrée>.
- Page 10 : après `Sécurité`, <Entrée> : `Compte`, <Sous-entrée> : `sécurité`.
- Page 13 : après `Durée` <Entrée> : `Convention`, <Sous-entrée> : `durée`.
- Page 14 : après `9.2 Résiliation`, <Entrée> : `Convention`, <Sous-entrée> : `résiliation`.

- Terminez en cliquant sur [Fermer] pour fermer le dialogue *Marquer les entrées d'index*.

Observez dans la barre d'état que le point d'insertion est en page 14, masquez les caractères non imprimables (ce qui masque les champs entrée d'index dans le corps du document), constatez que la page en cours est devenue Page 13. Attention donc, l'affichage des caractères non imprimables peut modifier la pagination à l'écran, mais heureusement pas sur le papier puisqu'en principe on n'imprime pas les caractères masqués, même lorsqu'ils sont affichés.

Créez l'index en fin de document

- Placez le point d'insertion tout à la fin du document par ⎣Ctrl⎦+⎣Fin⎦.
- Insérez un saut de page par ⎣Ctrl⎦+⎣←⎦ puis saisissez `Index`⎣←⎦.
- Sous l'onglet **Référence**>groupe **Index** cliquez sur le bouton **Insérer l'index**, dans le dialogue *Index* : cochez la case <☑ Aligner les numéros de page à droite>, cliquez sur [OK].

L'index a été généré avec une mise en page de deux colonnes (paramètre par défaut). Une marque de section a été insérée avant l'index et une autre après l'index, de façon à définir une mise en page sur deux colonnes uniquement entre ces deux marques de section, spécifique à l'index.

- Passez en affichage *Brouillon* pour voir ces marques. Puis, repassez en affichage *Page*.

- Mettez le paragraphe `Index` en taille `26`, gras et centré, avec espace après de `1cm`.

CAS 5 : TABLE DES MATIÈRES ET INDEX

Mettez en forme l'index

L'index est automatiquement mis en forme à l'aide des styles *Index 1, Index 2...* pour les différents niveaux d'entrée d'index. Pour, changer la mise en forme de l'index, il faut modifier ces styles. Mais vous ne voyez pas ces styles dans le volet *Styles*.

- Triple-cliquez sur une ligne d'index de niveau 1 (pour sélectionner tout le paragraphe), par exemple `Bourse`, mettez la police en taille `12` et en petites majuscules. Vous constatez que toutes les entrées d'index de niveau 1 adoptent automatiquement la nouvelle mise en forme.

- Triple-cliquez sur une ligne d'index de niveau 2 (pour sélectionner tout le paragraphe) par exemple `de Paris`, conservez la taille 11 et mettez ce texte en italique. Vous constatez que toutes les entrées d'index de niveau 2 adoptent automatiquement la nouvelle mise en forme.

- Mettez une ligne verticale séparatrice entre les colonnes : cliquez dans l'index, sous l'onglet **Mise en page**>groupe **Mise en page** cliquez sur le bouton **Colonnes**, puis sur Autres colonnes..., Dans le dialogue : cochez la case <☑ Ligne séparatrice>, cliquez sur [OK].

Il n'est donc pas nécessaire de voir les styles dans le volet *Styles*, pour les modifier. Il suffit de modifier la mise en forme d'un paragraphe ayant ce style pour que le style se modifie automatiquement (ceci a été expliqué page 142), car l'option <Mise à jour automatique> est cochée par défaut dans les paramètres des styles *Index 1* et *Index 2*. Toutefois, après avoir été modifiés une fois, les styles *Index 1* et *Index 2* sont apparus dans le volet *Styles*.

Vous pouvez redéfinir les styles de la façon suivante :

- Dans le volet *Styles*, cliquez droit sur le nom de style *Index 1*, puis sur Modifier... Dans le dialogue : cliquez sur [Format] puis sur Police..., spécifiez une taille de `11` et caractères gras, cliquez sur [OK], validez en cliquant sur [OK].

- Sélectionnez en entier un paragraphe de style *Index 2*, formatez les caractères en taille `10`, cliquez sur [OK], validez en cliquant sur [OK].

Modifiez le code de champ

- Cliquez dans l'index, puis appuyez sur ⬆+F9 pour afficher le code de champ.

Vous pouvez modifier les commutateurs de l'index dans le code de champ, `\c"2"` signifie 2 colonnes, `\z "1036"` définit l'identificateur de langage, `\e "→"` spécifie le caractère entre l'entrée et le numéro de page (ici tabulation)... Pour connaître les commutateurs utilisables :

- Sous l'onglet **Insertion**>groupe **Texte** cliquez sur le bouton **QuickPart**, puis sur Champ... dans la zone <Catégorie> : sélectionnez *Tables et index*, dans la zone <Nom de champ> : sélectionnez *Index*, cliquez sur [Codes de champ] puis sur [Options], dans le dialogue *Options pour le champ* : sélectionnez un paramètre pour lire son descriptif, lorsque vous avez fini appuyez sur Echap.

- Vous allez ajouter une lettre entre les groupes d'index : insérez dans le code de champ le commutateur \h "A.

{ INDEX \e " → "\c "2" \z "1036" \h "A"¶

- Actualisez l'index en appuyant sur F9, le résultat du champ s'affiche.
- Modifiez le style *Titre index* qui est le style de la lettre devant chaque groupe de mots d'index : sélectionnez un paragraphe de style *Titre index*, par exemple la lettre C, en cliquant trois fois de suite dessus. Puis, sous l'onglet **Accueil**>groupe **Paragraphe**, cliquez sur la **flèche** du bouton **Bordures**, puis sur *Aucune bordure*. Cliquez à nouveau sur la **flèche** du bouton **Bordures** puis sur Bordure inférieure. Puis définissez la taille de police de 14, définissez un espace avant le paragraphe de 0,5cm, centrez le paragraphe.
- Mettez à jour le style *Titre index* : le style *Titre index* n'est pas apparu encore dans le volet *Styles*, mais vous pouvez le mettre à jour quand même. Cliquez droit dans le paragraphe dont vous avez modifié la mise en forme, puis cliquez sur Styles, enfin sur Mettre à jour Titre index pour correspondre à la sélection.

Modifiez des entrées d'index

- Rendez les entrées d'index visibles dans le corps du document, en affichant les caractères masqués, la méthode simple consiste à cliquer sur le bouton **Afficher tout (Ctrl+8)** sous l'onglet **Accueil**>groupe **Paragraphe**. Il faut qu'elles soient visibles pour pouvoir être modifiées dans le texte. Vous allez remplacer les textes d'entrées d'index Compte par Comptes.
- Recherchez les entrées d'index Comptes, appuyez sur Ctrl+H pour afficher le dialogue *Rechercher et remplacer*, sous l'onglet **Rechercher** dans la zone <Rechercher> : saisissez XE "Compte, puis cliquez sur [Suivant]. La première occurrence étant trouvée, cliquez sur l'onglet **Remplacer**, dans la zone <Remplacer par> : saisissez XE "Comptes, puis cliquez sur [Remplacer], vérifiez que le remplacement s'est bien effectué, puis cliquez sur [Remplacer tout]. Terminez par [Fermer].
- Ensuite, cliquez droit dans l'index, puis sur la commande contextuelle Mettre à jour les champs.

Pour terminer

- Enregistrez le document.
- Imprimez la table des matières et l'index.
- Fermez le document.

Vous créez une liste d'adresses, dans un document Word ou une feuille Excel.

Vous définissez comme source de données d'un document, la liste d'adresses. Vous pouvez aussi utiliser comme source de données une base de données.

Vous pouvez modifier les lignes d'adresses d'un document Word via un formulaire de données.

Vous pouvez filtrer et trier les lignes d'adresses de la source de données

CAS 6 : CRÉER ET GÉRER DES LISTES D'ADRESSES

Fonctions utilisées

– *Liste d'adresses au format Access* – *Liste d'adresses au format Excel*
– *Liste d'adresses au format Word* – *Trier et filtrer une liste d'adresses*

15 mn

Vous allez créer une liste d'adresses sous différents formats. Cette liste d'adresses servira dans pour effectuer un publipostage (mailing) et pour imprimer des étiquettes avec Word.

Créez une liste d'adresses au format Access

■ Onglet **Publipostage**>groupe **Démarrer la fusion et le publipostage**, cliquez sur le bouton **Sélection des destinataires**, puis sur la commande Entrer une nouvelle liste...

■ Le dialogue *Créer une liste d'adresses* s'affiche : cliquez sur [Personnaliser colonnes].

■ Supprimez et renommez des champs pour obtenir la liste de la figure précédente. Par exemple, supprimez un champ : cliquez sur *Prénom*, puis cliquez sur [Supprimer] ; renommez un champ : cliquez sur *Nom de la société* et sur [Renommer...] puis saisissez le nouveau nom Société, cliquez sur [OK].

■ Lorsque vous avez obtenu la liste de noms de champs que vous souhaitez, cliquez sur [OK].

■ Saisissez les données en utilisant la touche ⤶ pour passer d'un champ au suivant, pour ajouter un nouvel enregistrement, cliquez sur [Nouvelle entrée].
Madame⤶Pierrette FREUD⤶Aérospatiale⤶3,rue P.Mazarin⤶Rouen⤶76000
Monsieur⤶Léon MARTIN⤶Apple Computer⤶25,Bd du Maine⤶PARIS⤶75014

■ Lorsque vous avez terminé la saisie des enregistrements, cliquez sur [OK].

- Le dialogue *Enregistrer une liste d'adresses* s'affiche. Sélectionnez le dossier `C:\Exercices Word 2010`, puis dans la zone <Nom de fichier> : saisissez le nom du fichier `AdressesPro`, et dans la zone <Type de fichier> : sélectionnez *Listes d'adresses Microsoft Office (*.mdb)*, puis cliquez sur [Enregistrer]. Le fichier est créé.

- Un dialogue *Confirmez la source de données* s'affiche immédiatement pour vous proposer de connecter le fichier que vous venez de créer comme source de données du document en cours. Cliquez sur [Annuler], un message vous informe que Word n'a pas ouvert la source de données, validez par [OK]. En effet, nous n'avons pas besoin de connecter la source de données tout de suite.

Connectez et gérez une source de données au format Access

Pour utiliser une liste d'adresses comme source de données pour un publipostage, il faut commencer par la connecter au document :

- Créez un nouveau document, puis connectez la source de donnée :
  sous l'onglet **Publipostage**>groupe **Démarrer la fusion et le publipostage**, cliquez sur le bouton **Sélection des destinataires**, puis sur Utiliser la liste existante...Dans le dialogue : sélectionnez le dossier `C:\Exercices Word 2010`, puis cliquez sur [Toutes les sources de données] et sélectionnez *Documents Word (*.docx,*.doc,*.docm)*, puis double cliquez sur *AdressesPro.mdb*.
  Un dialogue *Confirmez la source de données* s'affiche, sélectionnez la façon d'accéder au fichier choisi, confirmez par [OK].

Rien n'indique qu'une liste d'adresses est connectée, sauf le bouton **Modifier la liste des destinataires** sur le Ruban qui devient actif, il était estompé lorsque aucune liste d'adresses n'était connectée. Pour déconnecter une liste d'adresses, cliquez sur le bouton **Démarrer la fusion et publipostage** puis sur Document Word normal, après cela le bouton **Modifier la liste des destinataires** est désactivé.

- Affichez la liste d'adresses, si vous voulez la visualiser, la modifier, la trier, la filtrer... : onglet **Publipostage**>groupe **Démarrer la fusion et le publipostage**, cliquez sur le bouton **Modifier la liste des destinataires**.

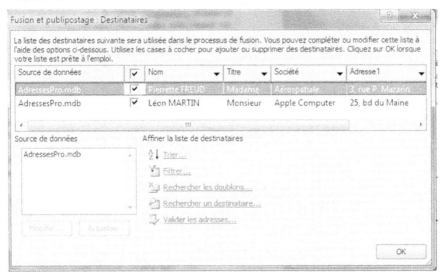

Vous pouvez ajouter, supprimer ou modifier des adresses :

- Dans la zone <Source de données>, cliquez sur *AdressesPro.mdb*, puis sur [Modifier].

La fenêtre *Modifier la source de données* s'affiche. Lorsque vous avez fini de modifier, d'ajouter ou de supprimer les adresses, cliquez sur [OK].

Créez et gérez une liste de données au format Word

Vous pouvez aussi créer une liste de données dans un document Word. Le document contient seulement un tableau de données où chaque colonne est un champ, les noms de champs étant dans la première ligne du tableau.

■ Créez un nouveau document, insérez un tableau de six colonnes et 3 lignes, saisissez les noms de champs et les deux premières lignes de la liste de données.

Titre¤	Nom¤	Société¤	Adresse1¤	CP¤	Ville¤
Madame¤	Pierrette FREUD¤	Aérospatiale¤	3, rue P. Mazann¤	76000¤	Rouen¤
Monsieur¤	Léon MARTIN¤	Apple Computer¤	25, Bd du Maine¤	75014¤	Paris¤

Vous allez ajouter des adresses provenant d'un autre tableau de même structure, préparé par une autre personne qui l'a enregistré dans un autre document Word.

■ Cliquez devant la marque de paragraphe juste sous le tableau que vous avez créé puis, sous l'onglet **Insertion**>groupe **Texte**, cliquez sur la **flèche** du bouton **Insérer un objet**, puis sur Texte d'un fichier... ; dans le dialogue sélectionnez le dossier C:\Exercices Word 2010 puis double-cliquez sur le nom de fichier CasA6.docx.

■ Enregistrez votre document sous le nom AdressesPro.docx, puis fermez le document.

Pour utiliser cette liste d'adresses comme source de données pour un publipostage, ou simplement pour la gérer (modifier, ajouter, supprimer des données), commencez par connecter la source de données au document :

■ Créez un nouveau document, puis sous l'onglet **Publipostage**>groupe **Démarrer la fusion et le publipostage**, cliquez sur le bouton **Sélection des destinataires**, puis sur la commande Utiliser la liste existante... sélectionnez le dossier C:\Exercices Word 2010, puis cliquez sur [Toutes les sources de données] et sélectionnez *Documents Word (*.docx,*.doc,*.docm)*, puis double-cliquez sur *AdressesPro.docx*.

■ Ensuite, affichez la liste d'adresses : onglet **Publipostage**>groupe **Démarrer la fusion et le publipostage**, cliquez sur le bouton **Modifier la liste des destinataires**.

CAS 6 : CRÉER ET GÉRER DES LISTES D'ADRESSES

Vous pouvez modifier ajouter, supprimer ou modifier les adresses...

■ Dans la zone <Source de données>, cliquez sur le nom du fichier source de données (précédé de son chemin d'accès), puis sur [Modifier].

■ La fenêtre *Formulaire de données* s'affiche et permet d'ajouter, de supprimer ou de modifier les lignes d'adresses. C'est une façon pratique de travailler sur une liste d'adresses créée dans un document Word.

■ Lorsque vous avez fini ce travail, cliquez sur [Fermer], puis cliquez sur [OK] pour fermer la fenêtre *Fusion et publipostage*.

Créez et gérez une liste d'adresses au format Excel

Vous pouvez aussi créer une liste de données dans un classeur Excel. Dans notre cas, vous allez copier les données du tableau Word dans une feuille Excel, puis connecter cette feuille comme source de données.

■ Ouvrez le document adressesPro.docx, sélectionnez toutes les lignes du tableau, copiez-les dans le Presse-papiers.

■ Lancez l'application Excel puis, dans le classeur dans la première feuille, collez les données au format *Texte*, et enregistrez le classeur sous le nom Adressespro.xlsx, puis fermez le classeur.

Vous pouvez utiliser cette liste d'adresses au format Excel comme source de données pour un publipostage.

■ Créez un nouveau document, puis sous l'onglet **Publipostage**>groupe **Démarrer la fusion et le publipostage**, cliquez sur le bouton **Sélection des destinataires**, puis sur la commande Utiliser la liste existante... Sélectionnez le dossier C:\Exercices Word 2010, puis cliquez sur [Toutes les sources de données] et sélectionnez *Fichiers Excel (*.xlsx, *.xlsm, *.xlsb, *.xls)*, puis double-cliquez sur AdressesPro.xlsx. Un message vous demande de confirmer la source, validez par [OK].

■ Sélectionnez la feuille qui contient le tableau (vous l'avez mis dans la première feuille) et laissez cochée l'option considérant la première ligne de données comme les en-têtes de colonne, cliquez sur [OK].

CAS 6 : CRÉER ET GÉRER DES LISTES D'ADRESSES

- Sous l'onglet **Publipostage**>groupe **Démarrer la fusion et le publipostage**, cliquez sur le bouton **Modifier la liste des destinataires**.

La fenêtre *Fusion et publipostage : Destinataires* s'ouvre et affiche les listes des adresses, avec des commandes soulignées permettant de les trier, filtrer...

Vous pouvez modifier ajouter, supprimer ou modifier les adresses :

- Dans la zone <Source de données>, cliquez sur *AdressesPro.xlsx*, puis sur [Modifier].

Le dialogue *Modifier la source de données* s'affiche, vous pouvez ajouter ou modifier des lignes d'adresse, mais pas en supprimer, ni personnaliser les colonnes.

Vous pouvez utiliser comme liste d'adresses des tables ou des requêtes de base de données de type dBase, MySQL, Access ou toute base accessible par Microsoft Office data connection : SQL Server, Oracle, et aussi un fichier texte ou même un dossier de contacts Outlook.

Utilisez une liste de contacts Outlook

Si vous avez installé *Microsoft Outlook*, vous pouvez importer les adresses d'un dossier de contacts Outlook comme liste d'adresses. Vous ne pouvez pas modifier les contacts directement dans Word, comme vous avez pu le faire avec une liste d'adresses au format Word, Excel ou Office Access.

- Créez un nouveau document, puis sous l'onglet **Publipostage**>groupe **Démarrer la fusion et le publipostage**, cliquez sur le bouton **Sélectionner à partir des contacts Outlook**...
- Dans le dialogue, sélectionnez un dossier de contacts à importer, cliquez sur [OK].

La fenêtre *Fusion et publipostage : Destinataires* affiche la liste des adresses des contacts. Vous pouvez trier, filtrer les adresses... pour le publipostage.

Filtrez les adresses pour le publipostage

- Onglet **Publipostage**>groupe **Démarrer la fusion et le publipostage**, cliquez sur le bouton **Modifier la liste des destinataires** qui affiche la fenêtre *Fusion et publipostage : Destinataires*.
- Cochez seulement quelques adresses à fusionner dans le publipostage : décochez toutes les adresses : cliquez sur la case dans la ligne des en-têtes, puis cliquez sur la case à cocher devant chaque adresse à fusionner.
- Filtrez les adresses selon des critères : cliquez sur la commande Filtrer...

- Spécifiez les conditions de filtre, puis cliquez sur [OK].

Seules les adresses qui satisfont les conditions restent affichées.

Trier les adresses pour le publipostage

- Dans la fenêtre *Fusion et publipostage : Destinataires*, cliquez sur Trier...
- Spécifiez les clés de tri, validez par [OK].
- Fermez sans les enregistrer les documents que vous avez créés.

Vous insérez les champs d'adresse à partir d'une source de données.

Vous pouvez avoir à l'écran un aperçu des résultats.

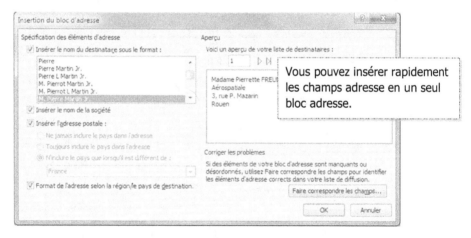

Vous pouvez insérer rapidement les champs adresse en un seul bloc adresse.

Vous pouvez aussi insérer une formule d'appel en choisissant un format dans un dialogue.

CAS 7 : RÉALISER UN PUBLIPOSTAGE

Fonctions utilisées

- *Insérer des champs de fusion*
- *Sélectionner les destinataires*
- *Insérer un texte sous condition*
- *Utiliser des contrôles de formulaire*

15 mn

Vous allez préparer un publipostage vers les personnes dont l'adresse figure dans une source de données créée dans le cas précédent : il s'agira de créer une lettre type, d'insérer dans ce document des champs de la source de données.

Vous allez aussi insérer un champ texte conditionnel, c'est-à-dire une phrase qui n'apparaîtra que sur les courriers de certains destinataires, selon un critère. Enfin, vous imprimerez le publipostage.

Créez le texte de la lettre type

- Créez un document vierge et enregistrez-le sous le nom `Lettre-type1`, dans le dossier `C:\Exercices Word 2010`.
- Spécifiez les valeurs suivantes pour les marges :
  - <Haut> : `5 cm`
  - <Bas> : `2 cm`
  - <Droite> : `3 cm`
  - <Gauche> : `4 cm`
- Saisissez le texte sans vous préoccuper de l'alignement des paragraphes, insérez un symbole `&` aux endroits où vous prévoyez d'insérer un champ de données : nom de société, nom et prénom du contact, etc.
  Si vous voulez éviter de saisir le texte de la lettre, vous pouvez ouvrir le fichier document texte `CasA7`, et l'enregistrer sous le nom `Lettre-type1`, passez ensuite à l'étape suivante (*Insérez les champs de fusion*).

L'utilisation du symbole & est seulement une astuce pratique pour repérer les emplacements futurs des champs.
Vous n'êtes pas du tout obligé de mettre un symbole pour repérer l'endroit où vous allez insérer les champs de fusion.

CAS 7 : RÉALISER UN PUBLIPOSTAGE

Insérez les champs de fusion

Pour effectuer cette étape, vous devez d'abord connecter une source de données au document. Cette source de données est le document *AdressesPro.docx*.

■ Onglet **Publipostage**>groupe **Démarrer la fusion et le publipostage,** cliquez sur le bouton **Sélection des destinataires,** puis sur la commande Utiliser la liste existante... Sélectionnez le dossier C:\Exercices Word 2010, puis cliquez sur [Toutes les sources de données] et sélectionnez *Documents Word (*.docx,*.doc,*.docm)*, puis double-cliquez sur AdressesPro.docx.

■ Affichez la liste d'adresses pour vérifier que c'est celle que vous souhaitez : cliquez le bouton **Modifier la liste des destinataires** pour afficher la fenêtre *Fusion et publipostage : Destinataires,* cliquez sur [OK] pour fermer la fenêtre *Fusion et publipostage : Destinataires.*

■ Insérez le premier champ de fusion : sélectionnez le premier symbole &, puis sous l'onglet **Publipostage**>groupe **Champs d'écriture et d'insertion,** cliquez sur le bouton **Insérer un champ de fusion,** dans le dialogue double-cliquez sur le nom de champ *Société,* puis cliquez sur [Fermer].

■ Insérez ensuite les autres champs de fusion *Adresse1, CP* et *Ville* de la même façon.

■ Insérez la date : sous l'onglet **Insertion**>groupe **Texte** cliquez sur le bouton **Date et heure,** double-cliquez sur le format sans activer la mise à jour automatique.

Visualisez les adresses dans la lettre type

■ Sous l'onglet **Publipostage**>groupe **Champs d'écriture et d'insertion,** cliquez sur le bouton **Aperçu des résultats,** puis utilisez les boutons ci-contre **Suivant, Précédent, Dernier, Premier** pour parcourir les adresses via la la lettre type.

■ Pour revenir à l'affichage des noms de champ de fusion, cliquez à nouveau sur le bouton **Aperçu des résultats.**

■ Réalignez certains paragraphes :
Sélectionnez les 5 premières lignes, de «Société» à «Nom», puis faites glisser la marque de marge gauche dans la règle à 8 cm.

■ Cliquez sur le nom du signataire, puis faites glisser la marque de marge gauche à 10 cm.

CAS 7 : RÉALISER UN PUBLIPOSTAGE

Créez une autre lettre type

Vous allez vous servir de la possibilité d'insérer un bloc d'adresse et une ligne de salutation.

- Créez un nouveau document, définissez les marges comme pour la précédente lettre type, et enregistrez-la sous le nom `Lettre-type2`.

- Connectez comme source de données le classeur Excel `AdressesPro.xlsx`. Un dialogue vous demande de confirmer la source de données, cliquez sur [OK]. Un autre dialogue vous demande de sélectionner la feuille de calcul dans laquelle sont les données, faites-le.
- Insérez un bloc d'adresse : sous l'onglet **Publipostage**>groupe **Champs d'écriture et d'insertion**, cliquez sur le bouton **Bloc d'adresse**, cliquez sur [OK].

- Tapez deux fois sur la touche ⏎ pour insérer deux paragraphes vides, puis saisissez `Paris,` `le` suivi d'un espace, puis insérez la date du jour.
- Insérez deux paragraphes vides, puis cliquez sur le bouton **Formule d'appel**, cliquez sur [OK].

- Insérez deux paragraphes vides, puis saisissez le début du corps de la lettre :
  `Veuillez trouver ci-joint notre nouveau tarif.`
- Visualisez les adresses dans la lettre type en cliquant sur **Aperçu des résultats**.

CAS 7 : RÉALISER UN PUBLIPOSTAGE

Le bloc d'adresse est remplacé par plusieurs lignes d'adresse, chaque ligne dans un paragraphe séparé. Attention, si vous faites une mise en forme directe des paragraphes dans le bloc d'adresse, par exemple, formatez-les avec un espace après à 0 cm, cliquez ensuite deux fois sur le bouton **Aperçu des résultats**, les paragraphes reprennent la mise en forme d'origine du style (ici *Normal*).

Notez qu'il manque dans l'adresse le code postal, la raison en est que le champ nommé *CP* dans votre liste d'adresses n'a pas été reconnu par le bloc d'adresse. Il faut faire correspondre les noms de champ de votre liste d'adresses avec les noms de champ prédéfinis du bloc d'adresse.

- Onglet **Publipostage**>groupe **Champs d'écriture et d'insertion**, cliquez sur le bouton **Faire correspondre les champs**, puis dans le dialogue *Correspondance des champs* en regard du <Code postal> (nom prédéfini du bloc d'adresse) sélectionnez *CP* (nom correspondant dans votre liste d'adresses) puis cliquez sur [OK].
- Cliquez deux fois sur le bouton **Aperçu des résultats** pour prendre en compte le code postal.

Dans les illustrations précédentes, les champs insérés dans le document sont affichés avec un arrière-plan grisé, c'est une option d'affichage de Word que vous pouvez paramétrer :

- Cliquez sur l'onglet **Fichier** puis sur **Options**, sélectionnez *Options avancées* puis dans la partie droite sous la rubrique **Afficher le contenu du document**, dans la liste <Champ avec trame> : sélectionnez *Toujours* / *Jamais* / *Lors de la sélection*.

CAS 7 : RÉALISER UN PUBLIPOSTAGE

Effectuez le publipostage sur des enregistrements que vous marquez

Un courrier *Lettre-type2* sera généré pour chaque ligne d'adresse sélectionnée.

- Marquez les destinataires : cliquez sur le bouton **Modifier la liste des destinataires** puis décochez toutes les lignes et cochez seulement les deux lignes suivantes, puis validez par [OK].

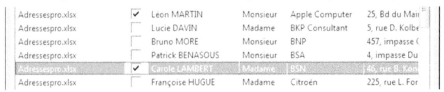

Adressespro.xlsx	✓	Léon MARTIN	Monsieur	Apple Computer	25, Bd du Mair
Adressespro.xlsx		Lucie DAVIN	Madame	BKP Consultant	5, rue D. Kolbe
Adressespro.xlsx		Bruno MORE	Monsieur	BNP	457, impasse (
Adressespro.xlsx		Patrick BENASOUS	Monsieur	BSA	4, impasse Du
Adressespro.xlsx	✓	Carole LAMBERT	Madame	BSN	46, rue 8. Kön
Adressespro.xlsx		Françoise HUGUE	Madame	Citroën	225, rue L. For

- Cliquez sur le bouton **Terminer & fusionner**, puis sur la commande Modifier des documents individuels..., le dialogue *Fusion avec un nouv. Doc.* permet de choisir des enregistrements par leur numéro de séquence, cliquez [OK].

  Un nouveau document est créé, LettresN (N étant un numéro de séquence), dans lequel chaque courrier fusionné avec une adresse fait l'objet d'une section séparée commençant sur une nouvelle page.

- Enregistrez ce document en vue de l'imprimer ultérieurement sous le nom Mailing-Tarif, Enregistrez et fermez le document Lettre-type2.
- Effectuez de la même façon le publipostage avec la *Lettre-type1* et enregistrez le document généré sous le nom Mailing-Catalogue, enregistrez et fermez le document Lettre-type1.

Masquez un paragraphe si une condition est remplie

Vous voulez que la *Lettre-type1* annonce l'ouverture d'une nouvelle boutique seulement pour les personnes résidant à Paris. Le troisième paragraphe de la lettre-type ne doit être imprimé que pour les personnes dont l'adresse remplit la condition Ville = Paris.

- Réouvrez le document lettre-type1. Un dialogue s'affiche, proposant d'exécuter la commande SQL qui va lier la source de données à votre document. Validez par [OK].

- Sélectionnez le troisième paragraphe en entier, Profitez-en .... Paris, puis appuyez sur [Ctrl]+X ou, sous l'onglet **Accueil**>groupe **Presse-papiers**, cliquez sur le bouton **Couper**.

- Sous l'onglet **Publipostage**> groupe **Champs d'écriture et d'insertion**, cliquez sur le bouton **Règles** puis sur Si...Alors...Sinon, dans le dialogue *Insérer le mot clé : Si*, cliquez dans la zone <Insérer le texte suivant> et collez ([Ctrl]+V), puis spécifiez la condition *Ville* / *Est égal à* /Paris. Cliquez sur [OK].

- Utilisez les boutons de navigation pour vérifier par visualisation que la lettre type affiche le troisième paragraphe seulement pour les adresses à Paris.

CAS 7 : RÉALISER UN PUBLIPOSTAGE

- Affichez le code du champ : dans la lettre type cliquez sur le texte conditionnel puis ⬆+F9.
- Dans le code du champ, insérez une fin de paragraphe juste après `Paris.`, pour que la fin de paragraphe fasse partie du texte masqué.

> { IF Paris = "Paris" "Profitez-en pour nous rendre visite à notre nouvelle boutique, au 15 boulevard Haussmann, à Paris. ¶
>
> " " " }¶

- Affichez le résultat du champ : cliquez sur le code de champ puis ⬆+F9.
- Enregistrez le document `Lettre-type1`.

Transformez un document de fusion en un document normal

- Basculez dans le document `Lettre-type1`.
- Sous l'onglet **Publipostage**> groupe **Démarrer la fusion et le publipostage** cliquez sur le bouton **Démarrer la fusion et le publipostage,** puis sur Document Word Normal.
- Enregistrez le document sous le nom `Courrier1`.

Le document n'est plus connecté à aucune liste d'adresses. Les champs sont toujours insérés dans le document, notamment le champ conditionnel.

- Appuyez sur Alt+F9 pour afficher tous les codes de champs.
- Sélectionnez le texte du paragraphe conditionnel, et copiez-collez ce texte devant le champ.

Vous allez remplacer tous les champs (qui n'ont plus lieu d'être) par un symbole, par exemple & :

- Sous l'onglet **Accueil**>groupe **Modification**, cliquez sur le bouton **Remplacer** qui affiche le dialogue *Rechercher et remplacer*.
- Dans la zone <Rechercher> : saisissez ^d, dans la zone <Remplacer par> : saisissez &, puis cliquez sur [Remplacer tout], un message vous informe du nombre de remplacements effectués, cliquez sur [OK].

Cas des lettres types créées avec l'assistant publipostage

Vous avez maintenant compris le processus de publipostage. Vous pouvez vous laisser guider par un assistant pour réaliser vos publipostages.

- Commencez par créer un document vierge, puis sous l'onglet **Publipostage**>groupe **Démarrer la fusion et le publipostage** cliquez sur le bouton **Démarrer la fusion et le publipostage,** puis sur la commande Assistant Fusion et publipostage pas à pas...

Le volet *Fusion et publipostage* s'ouvre à droite de la fenêtre Word. Il vous guidera en six étapes. À chaque étape vous pouvez revenir à l'étape précédente ou passer à l'étape suivante.

Étape 1. Sélection du type de document :
Sélectionnez <⊙ Lettres>, cliquez sur l'étape <u>Suivante</u>.

Étape 2. Sélection du document de base :
Sélectionnez <⊙ Utiliser un modèle>, cliquez sur <u>Sélection du modèle</u>...

> Un aperçu de la lettre apparaît dans la partie droite, Vous pouvez ainsi vérifier qu'il s'agit du modèle qui vous convient, cliquez sur [OK].

Cliquez sur l'étape <u>Suivante</u>.

CAS 7 : RÉALISER UN PUBLIPOSTAGE

Étape 3. Sélection des destinataires :
Sélectionnez <⊙ Utilisation d'une liste existante>, puis cliquez sur <u>Parcourir...</u> sélectionnez la source de données AdressesPro.xlsx dans le dossier C:\Exercices Word 2010 que vous avez créée sous le nom AdressesPro.mdb. Cochez deux ou trois destinataires de votre choix. Cliquez sur l'étape <u>Suivante</u>.

Étape 4. Écriture de la lettre en insérant les champs de fusion :
Les champs de fusion «BlocAdresse» et «FormuleAppel» sont déjà insérés dans la lettre.
Tapez le corps de la lettre, en cliquant dans la zone texte placée au centre... vous pouvez insérer des champs de la source de données en cliquant sur <u>Autres éléments...</u>. Cliquez sur l'étape <u>Suivante</u>.

Étape 5. Aperçu des lettres fusionnées :
L'aperçu des lettres sert à visualiser les lettres des différents destinataires. Vous pouvez cliquer sur la commande <u>Modifier la liste des destinataires...</u> pour accéder à la fenêtre *Fusion et publipostage* permettant de trier, filtrer ou cocher les destinataires du publipostage. Vous pouvez cliquer sur le bouton [Exclure ce destinataire] pour le décocher dans la liste, Cliquez sur l'étape <u>Suivante</u>.

Étape 6. Fin la fusion :
Cliquez sur la commande <u>Modifier les lettres individuelles...</u> pour générer un document contenant les lettres pour les destinataires que vous pouvez modifier avant d'imprimer (vous avez aussi à votre disposition la commande <u>Imprimer...</u> pour imprimer directement les lettres).

Utilisez les contrôles de formulaire

Avec l'exemple du modèle *Lettre de publipostage (Central)* que nous avons choisi, vous noterez la présence de contrôles de formulaire entre [ ] au début de la lettre type générée par l'assistant. Pour en faire apparaître les balises et en modifier éventuellement les propriétés, sous l'onglet **Développeur**>groupe **Contrôles** cliquez sur le bouton **Mode Création** puis cliquez à nouveau sur ce bouton pour repasser au mode utilisation.

- Cliquez le contrôle *Sélecteur de date* ❶, puis cliquez sur la flèche : un calendrier s'affiche, sélectionnez le jour dans ce calendrier, la date s'inscrit dans la lettre type.
- Cliquez sur le contrôle texte [NOM DE LA SOCIÉTÉ DE L'EXPÉDITEUR] ❷ : il affiche ce texte d'invite, saisissez le nom de votre société à la place ; vous modifiez ainsi texte du contrôle. Ce qui est intéressant, c'est que le texte est modifié dans toutes les lettres qui ont été générées dans les pages suivantes.
- Cliquez sur le contrôle texte [Adresse de la société de l'expéditeur] ❸ : saisissez une adresse à la place du texte d'invite. Dans le cas de ce contrôle, le texte saisi n'est pas repris automatiquement dans les pages suivantes.
- Faites de même pour l'adresse de la société expéditrice❹.

Insérez vos propres contrôles de formulaire

- Si vous voulez insérer un contrôle *Sélecteur de date* dans un document : sous l'onglet **Développeur**>groupe **Contrôles** cliquez sur le bouton **Sélecteur de dates**.
- Si vous voulez insérer un contrôle *Propriété* : sous l'onglet **Insertion**>groupe **Texte** cliquez sur bouton **Quickpart** puis sur la commande *Propriété du document* puis sur le nom de la propriété.

Pour terminer

- Pour terminer ce cas pratique, enregistrez la lettre type générée par l'assistant sous le nom Lettre-Type3, puis fermez tous les documents.

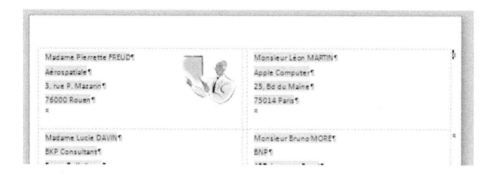

Madame Pierrette FREUD¶	Monsieur Léon MARTIN¶
Aérospatiale¶	Apple Computer¶
3, rue P. Mazarin¶	25, Bd du Maine¶
Rouen¶	Paris¶

Madame Lucie DAVIN¶	Monsieur Bruno MORE¶
BKP Consultant¶	BNP¶
5, rue D. Kolberg¶	457, impasse Gogol¶
Marseille¶	Paris¶

| Monsieur Patrick BENASOUS¶ | Madame Carole LAMBERT¶ |

Madame Pierrette FREUD¶	Monsieur Léon MARTIN¶
Aérospatiale¶	Apple Computer¶
3, rue P. Mazarin¶	25, Bd du Maine¶
76000 Rouen¶	75014 Paris¶

| Madame Lucie DAVIN¶ | Monsieur Bruno MORE¶ |
| BKP Consultant¶ | BNP¶ |

Centre de Sécurité Sociale¶	Centre de Sécurité Sociale¶
15 rue de la Fédération¶	15 rue de la Fédération¶
75015 PARIS¶	75015 PARIS¶

Centre de Sécurité Sociale¶	Centre de Sécurité Sociale¶
15 rue de la Fédération¶	15 rue de la Fédération¶
75015 PARIS¶	75015 PARIS¶

CAS 8 : IMPRIMER DES ÉTIQUETTES

Fonctions utilisées

– *Créer une planche d'étiquettes*
– *Insérer le bloc d'adresse*

– *Imprimer des étiquettes destinataires*
– *Imprimer des étiquettes identiques*

15 mn

Après avoir imprimé les courriers à chaque destinataire, vous allez imprimer les étiquettes autocollantes pour les enveloppes d'envoi aux mêmes adresses qui sont dans la source de données.

Créez une planche d'étiquettes

Tout d'abord relevez, sur la boîte des étiquettes, la marque et la référence des étiquettes que vous allez utiliser.

- Commencez par créer un document vierge, puis sous l'onglet **Publipostage**>groupe **Démarrer la fusion et le publipostage** cliquez sur le bouton **Démarrer la fusion et le publipostage**, puis sur la commande Étiquettes...

- Sélectionnez le fournisseur Avery A4/A5 et le numéro de référence J8163 chez ce fournisseur, puis validez par [OK].

Sur la figure le quadrillage du tableau Word est visible, pour ce faire cliquez dans le tableau puis sous l'onglet **Disposition**>groupe **Tableau**, cliquez sur le bouton **Afficher le quadrillage**.

Un tableau Word est créé dans un nouveau document mis en page en fonction de la planche d'étiquettes référencée. Chaque cellule du tableau est aux dimensions d'une étiquette.

Connectez la source de données

- Onglet **Publipostage**>groupe **Démarrer la fusion et le publipostage**, cliquez sur le bouton **Sélection des destinataires**, puis sur la commande Utiliser la liste existante... Sélectionnez le dossier C:\Exercices Word 2010, puis cliquez sur [Toutes les sources de données] et sélectionnez Documents Word (*.docx,*.doc,*.docm), puis double-cliquez sur AdressesPro.docx.

Un contrôle «Enregistrement suivant» est inséré au début de chaque étiquette. Ce contrôle n'est pas imprimable, il sert à forcer le passage à l'enregistrement suivant au début de chaque étiquette.

- Dans la première étiquette, insérez les champs de fusion : sous l'onglet **Publipostage**>groupe **Champ d'écriture et d'insertion** cliquez sur le bouton **Bloc d'adresse**. Validez le dialogue par [OK].
- Cliquez sur le bouton **Aperçu des résultats** pour visualiser la première étiquette.
- Lorsque le résultat vous convient, cliquez sur le bouton **Mettre à jour les étiquettes** ❶ pour copier la première étiquette sur toutes les étiquettes de la planche.

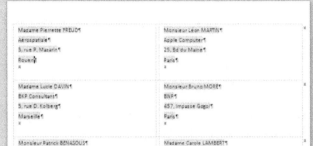

- Enregistrez le document sous le nom EtiquettesPro.

Effectuez la fusion

- Cliquez sur le bouton **Terminer et fusionner**, puis sur la commande Modifier des documents individuels..., le dialogue *Fusion avec un nouv. Doc.* permet de choisir des enregistrements par leur numéro de séquence, cliquez [OK].

  Un nouveau document est créé ÉtiquettesN (N étant un numéro de séquence), contenant autant de pages que de planches d'étiquettes fusionnées avec des adresses.

- Enregistrez et fermez ce document sous le nom Etiquettes-Tarif en vue de l'imprimer ultérieurement.
- Enregistrez et fermez aussi le document EtiquettesPro.

Modifiez les étiquettes

Le code postal n'a pas été pris en compte, parce que le bloc d'adresse ne reconnaît pas le champ adresse nommé CP. Il faut mettre les champs de la source de données en correspondance avec ceux du bloc d'adresse.

- Ouvrez le fichier EtiquettesPro.docx, un dialogue vous informe qu'une commande SQL va s'exécuter pour connecter la source de données. Validez par [OK].
- Cliquez droit dans le bloc adresse de la première étiquette, puis sur la commande contextuelle Modification du bloc adresse...

CAS 8 : IMPRIMER DES ÉTIQUETTES

- Dans le dialogue : cliquez sur le bouton [Faire correspondre les champs...], puis dans la zone en face de <Code postal> sélectionnez *CP*, cliquez sur [OK].
- Cliquez sur [OK]. Le code postal est maintenant inscrit dans toutes les étiquettes.

Insérez une image dans les étiquettes

- Onglet **Insertion**>groupe **Illustration**, cliquez sur le bouton **Images clipart**, le volet *Images clipart*, s'affiche sur la droite. Dans la zone <Recherche>, tapez `education` et validez par ⏎
- Double-cliquez sur l'image, pour l'insérer sur le document. Redimensionnez sa taille, puis cliquez droit sur l'image puis sur Taille et position... puis sous l'onglet **Habillage du texte**, cliquez sur la vignette *Rapproché*. Enfin, faites glisser l'image dans coin supérieur droit de l'étiquette.

- Lorsque le résultat vous convient, cliquez sur le bouton **Mettre à jour les étiquettes** pour copier la première étiquette sur toutes les étiquettes de la planche.

Créez une planche d'étiquettes identiques

Il peut être utile de disposer par avance d'étiquettes autocollantes préimprimées à une adresse à laquelle vous envoyez souvent du courrier, par exemple votre centre de Sécurité sociale.

- Créez un nouveau document, créez une planche d'étiquettes au format *Avery J8162*.
- Commencez par saisir l'adresse dans la première étiquette, puis sous l'onglet **Publipostage**>groupe **Champs d'écriture et d'insertion**, cliquez sur le bouton **Mettre à jour les étiquettes** ❶ pour copier la première étiquette sur toutes les étiquettes de la planche.

Il faut supprimer tous les contrôles «Enregistrement suivant» au début de chaque étiquette.

- Appuyez sur [Alt]+[F9] pour constater que le code de champ est {NEXT}.
- Sous l'onglet **Accueil**>groupe **Modification** cliquez sur le bouton **Remplacer**.
  - Dans la zone <Rechercher> : saisissez `^d next`, code pour rechercher un champ Next.
  - Dans la zone <Remplacer par> : effacez tout.

CAS 8 : IMPRIMER DES ÉTIQUETTES

- Cliquez sur [Remplacer tout], un message vous informe du nombre de remplacements effectués, cliquez sur [OK], puis cliquez sur [Fermer] pour fermer le dialogue.
- Appuyez sur `Alt`+`F9` pour ne plus visualiser les codes de champ.

- Enregistrez le document sous le nom `Etiquettes-SS`.

Imprimez deux étiquettes par destinataire

- Ouvrez un nouveau document, connectez la source de données au format Word `adressesPro.docx`, créez une planche d'étiquette au format *Avery référence J8173*.
- Insérez le «BlocAdresse» ou, un à un, les différents champs d'adresse dans la première étiquette. Mettez ensuite à jour les étiquettes de toute la planche d'étiquettes.
- Effacez le champ `{NEXT}` dans toutes les cellules de la deuxième colonne, par la technique de recherche/remplacement déjà utilisée précédemment, en sélectionnant la deuxième colonne avant de rechercher/remplacer.
- Cliquez sur le bouton **Aperçu des résultats** pour vérifier, puis effectuez la fusion et enregistrez le document `ÉtiquettesN` ainsi créé sous le nom `Etiquette-Pro2`.

FICHE INDIVIDUELLE DE RENSEIGNEMENTS

Nom :	_____	
Prénom :	_____	
Date de naissance :	_____	
Ville de naissance :	_____	
N° de Sécurité Sociale	_____	

Formation :	☑ Certificat d'études	☐ IUT
	☐ BEP	☐ Bac + 2
	☐ CAP	☐ Bac + 4
	☐ Bac professionnel	☐ École de commerce
	☐ Bac général	☐ École d'ingénieur

Permis de conduire :	☐ Permis A	☐ Permis C
	☐ Permis B	☐ Permis D

Situation familiale :	[Choisir]	
Catégorie professionnelle :	[Choisir]	
Rémunération actuelle :	[Choisir]	
Ancienneté :	[Choisir]	Fait, le [Date]

CAS 9 : FORMULAIRE DE RENSEIGNEMENTS

Fonctions utilisées

– *Dessiner un tableau*   – *Zone de texte*

– *Insertion de champs de formulaire*   – *Utilisation d'un modèle*

25 mn

Un formulaire est un modèle de document contenant du texte fixe ainsi que des contrôles de formulaire à renseigner par l'utilisateur. Vous allez créer et utiliser le formulaire.

Créez un modèle pour le formulaire

Vous allez créer un document texte dans lequel vous insérerez les contrôles de formulaire et vous l'enregistrerez comme modèle.

- Créez un document vierge, définissez les marges du haut et du bas à `1,5` cm.
- Saisissez le titre `Fiche individuelle de renseignements` `↵`.
- Cliquez dans le titre que vous avez saisi, puis tapez sur `Ctrl`+E pour le centrer.
- Via le dialogue *Police* : appliquez la police +*Titres*, la taille `20` et <☑ Petites majuscules>.
- Via le dialogue *Bordures et trame* (en cliquant sur la **flèche** bouton **Bordures**) : appliquez un encadrement d'épaisseur de l'encadrement `1 1/2` pt. ; appliquez une trame de fond : la couleur du thème *Blanc, Arrière-plan1, plus sombre 15 %*.
- Via le dialogue *Paragraphe* : appliquez un espace après le paragraphe de `2` cm.
- Dans la règle, faites glisser les marques de retraits gauche et droit de `2` cm vers l'intérieur.
- Enregistrez le document en tant que modèle sous le nom `FicheRenseignements` dans le dossier `Templates` (dossier `C:\Utilisateurs\nom_utilisateur\AppData\Roaming\ Microsoft\ Templates` qui contient les modèles de document).
  Pour enregistrer dans le dossier des modèles, sélectionnez-le en cliquant sur le lien favori *Templates* (raccourci vers le dossier des modèles Office) dans le dialogue *Enregistrer sous.....*
- Fermez le document modèle que vous avez créé.

Modifiez le modèle

- Ouvrez le modèle `FicheRenseignements.dotx` de la façon suivante :
  Cliquez sur l'onglet **Fichier** puis sur **Ouvrir** ; dans le dialogue *Ouvrir*, cliquez sur le lien favori *Templates* puis dans la partie droite double-cliquez sur le nom du modèle.

Vous allez créer un tableau pour y disposer les libellés et les contrôles du formulaire.

- Tapez sur `Ctrl`+`Fin` pour aller à la fin du document.
- Insérez un tableau de 4 lignes et 3 colonnes.
- Cliquez dans une cellule puis, sous l'onglet **Disposition**>groupe **Tableaux**, cliquez sur **Propriétés**, puis sur l'onglet **Tableau**.

- Spécifiez la largeur préférée à `17` cm et l'alignement centré, cliquez sur [OK].

CAS 9 : FORMULAIRE DE RENSEIGNEMENTS

■ Définissez les largeurs de colonne : cliquez dans la première colonne puis, sous l'onglet **Disposition**>groupe **Taille de cellule**, dans la zone **Tableau largeur colonne** ❶, saisissez la largeur à 6 cm ; faites de même pour les colonnes 2 et 3, toutes deux à 5,5 cm.

■ Définissez les marges par défaut des cellules : sous l'onglet **Disposition**>groupe **Alignement**, cliquez sur le bouton **Marges de la cellule** et spécifiez 0,5 cm en marge du <Haut>, et décochez l'option <☐ Redimensionner automatiquement pour ajuster au contenu>.

■ Définissez les hauteurs de ligne : cliquez dans une ligne puis, sous l'onglet **Disposition**>groupe **Taille de cellule**, spécifiez la hauteur dans la zone **Tableau Hauteur ligne** ❷, spécifiez les hauteurs respectives des lignes 1 à 4 respectivement à 6 cm, 5,5 cm, 2,5 cm, 5 cm (hauteur de marge + hauteur de ligne = hauteur de cellule).

■ Enregistrez le modèle `FicheRenseignements.dotx`.

Placez les contrôles texte

■ Sélectionnez tout le tableau et via la zone sur le Ruban spécifiez la taille de police 14.

■ Saisissez les libellés dans la première cellule, terminez les lignes (sauf la dernière) par une fin de paragraphe, ne passez pas au paragraphe suivant après le dernier libellé.

■ Sélectionnez la cellule en entier (incluant donc les cinq lignes de libellés), puis via le dialogue *Paragraphe* spécifiez un interligne : *Exactement* de 1 cm, et l'espace après : 2pt.

■ Cliquez la deuxième cellule de la première ligne du tableau, puis tapez quatre fois ⏎ pour obtenir au total cinq paragraphes vides, et comme précédemment sélectionnez la cellule en entier, et spécifiez un interligne : *Exactement* de 1 cm et l'espace après : 2 pt.

■ Activez le mode *Création de formulaire* : sous l'onglet **Développeur**>groupe **Contrôles**, cliquez sur le bouton **Mode Création**, pour pouvoir insérer des contrôles.

■ Insérez les contrôles texte dans la deuxième cellule :
cliquez dans le premier paragraphe, cliquez sur le bouton **Contrôle de contenu de texte brut**, saisissez 15 fois le caractère _ (touche 8 de la rangée supérieure du clavier), supprimez tout le texte qui suit, puis cliquez ensuite dans chaque paragraphe et insérez le même contrôle texte.

■ Désactivez le mode *Création de formulaire* : sous l'onglet **Développeur**>groupe **Contrôles**, cliquez sur le bouton **Mode Création**.

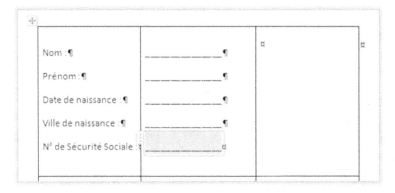

Lorsque vous cliquez sur un contrôle de texte, un onglet apparaît et vous pouvez saisir votre texte qui remplace le texte modèle. Ne le faites pas maintenant.

CAS 9 : FORMULAIRE DE RENSEIGNEMENTS

Placez les contrôles cases à cocher

- Sélectionnez les cellules de la deuxième ligne du tableau, puis via le dialogue *Paragraphe* spécifiez un interligne : *Exactement* de 1 cm, et l'espace après : 0 pt.
- Dans la première cellule de la deuxième ligne, saisissez le libellé `Formation` : et mettez les caractères en gras.
- Dans la deuxième cellule insérez les cases à cocher : cliquez sur le bouton **Outils hérités**, puis sur l'outil *Case à cocher (Contrôle de formulaire),* puis tapez un espace et saisissez le libellé `Certificat d'études`⏎, puis insérez le contrôle *Case à cocher* suivi de son libellé dans chaque ligne suivante, ne terminez pas la dernière ligne par ⏎.

> Saisissez `école commerce`, puis cliquez sur `école` et tapez sur Maj+F3 pour que le é minuscule devienne É majuscule.

- Disposez de la même façon le titre `Permis de conduire` et les quatre cases à cocher dans les cellules de la troisième ligne du tableau.

| Permis de conduire :¤ | ☐ Permis A¶ | ☐ Permis C¶ | |
| | ☒ Permis B¤ | ☐ Permis D¤ | |

- Enregistrez en tant que modèle sous le nom `FicheRenseignements.dotx`.

Placez les contrôles listes déroulantes

- Dans la première cellule de la dernière ligne du tableau : saisissez les libellés, terminez chaque ligne par ⏎ sauf la dernière.
- Sélectionnez toutes les cellules de la dernière ligne du tableau, et via le dialogue *Paragraphe* spécifiez un interligne : *Exactement* de 1 cm.
- Cliquez dans la deuxième cellule, puis tapez trois fois sur ⏎.
- Insérez les contrôles *Liste déroulante* dans cette deuxième cellule de la dernière ligne : cliquez dans le premier paragraphe, cliquez sur le bouton **Liste déroulante**, saisissez [Choisir], supprimez tout le texte qui suit, puis cliquez ensuite dans chaque paragraphe et insérez le même contrôle *Liste déroulante*.

Il reste maintenant à définir, pour chacun de ces contrôles, les entrées de liste :

- Cliquez sur le contrôle, puis cliquez sur le bouton **Propriétés**, dans le dialogue *Propriétés du contrôle de contenu* : cliquez sur [Ajouter] puis saisissez la première entrée `Célibataire`, validez par [OK], recommencez pour les autres entrées `Marié`/`Divorcé`/`Veuf`, lorsque vous avez fini cliquez sur [OK].
- Définissez les entrées du deuxième contrôle : `Ouvrier, Employé, Cadre, Dirigeant`.
- Définissez les entrées du troisième contrôle : `< 20 000 € / > 20 000 €`.
- Définissez les entrées du quatrième contrôle : `< 1 an / Entre 1 et 5 ans / > 5 ans`.

CAS 9 : FORMULAIRE DE RENSEIGNEMENTS

Quittez le mode Création ; lorsque vous cliquez sur un contrôle *Liste déroulante*, un onglet apparaît, doté d'une flèche. Vous devez cliquer sur la flèche pour afficher la liste déroulante et choisir l'entrée.

■ Enregistrez le document `FicheRenseignements.dotx`.

Placez un contrôle réservé à la photo

■ Cliquez dans la cellule en haut à droite du tableau, puis cliquez sur le bouton **Contrôle de contenu d'image**, centrez le contrôle image dans la cellule.

Le cadre image s'est ajusté à la taille de la cellule, vous pouvez redimensionner le contrôle image comme tout objet image, en faisant glisser les poignées de redimensionnement. Centrez l'image, en centrant le paragraphe dans lequel elle est insérée.

■ Remplacez le titre de l'image `Image` par `Votre photo` : cliquez sur le contrôle image, cliquez sur *Propriétés*, dans la zone <Titre> saisissez `Votre photo`, validez par [OK].

Créez la partie réservée à la signature et à la date

■ Cliquez dans la dernière cellule du tableau, saisissez `Signature :` ↵↵↵.

■ Saisissez `Fait le` puis cliquez sur le bouton **Sélecteur de date**.

Un contrôle de date est inséré avec le texte d'invite suivant : `Cliquez ici pour entrer une date`. Vous allez modifier le texte d'invite :

■ Activez le mode *Création de formulaire* : sous l'onglet **Développeur**>groupe **Contrôles**, cliquez sur le bouton **Mode Création**.

■ Cliquez sur le contrôle date, puis cliquez devant le texte d'invite, saisissez `[Date]`, puis effacez tout le texte qui suit.

■ Désactivez le mode *Création de formulaire* : sous l'onglet **Développeur**>groupe **Contrôles**, cliquez sur le bouton **Mode Création**.

Protégez le formulaire

Vous pouvez protéger le formulaire de façon à empêcher toute modification du document sauf dans les contrôles de formulaire.

CAS 9 : FORMULAIRE DE RENSEIGNEMENTS

- Sous l'onglet **Développeur**>groupe **Protéger**, cliquez sur le bouton **Restreindre la modification**.

Le volet *Restreindre la mise en forme et la modification* s'affiche à droite de la fenêtre Word.

- Cochez la case <☑ Autoriser uniquement ce type de modifications dans le document>, puis dans la zone située au-dessous : sélectionnez *Remplissage de formulaire*, puis cliquez sur [Activer la protection], saisissez le mot de passe deux fois et validez par [OK].
  (Dans cet exercice, laissez le mot de passe vide pour ne pas risquer un oubli.)
- Enregistrez le modèle de formulaire `FicheRenseignements.dotx`, fermez le document.

Utilisez le formulaire

- Ouvrez un nouveau document basé sur le modèle `FicheRenseignements.dotx`.
- Remplissez les contrôles de formulaire, puis enregistrez sous le nom `Fiche-MOREL`.
- Si vous avez un fichier avec la photo d'identité : cliquez sur le contrôle image, puis sélectionnez le fichier `Morel.jpg`, validez par [Insérer].
- Imprimez la fiche de renseignements complétée.

Modifiez le formulaire

- Ouvrez le modèle de formulaire et désactivez la protection : sous l'onglet **Développeur**>groupe **Protéger le document**, puis dans le volet *Restreindre la mise en forme et les modifications*, cliquez sur [Désactiver la protection].

Notez que le grisé en arrière plan des contrôles case à cocher est seulement visible à l'affichage, il ne sera pas imprimé. Notez aussi que les cases ne peuvent pas être cochées lorsque le document n'est pas protégé, alors que les autres contrôles sont utilisables en dehors de toute protection.

- Remplacez `École commerce` par `École de commerce`, et `École ingénieur` par `École d'ingénieur`. Protégez à nouveau le modèle de formulaire et enregistrez, puis fermez le document.

Fiche individuelle de renseignements

Nom :	MOREL	
Prénom :	Patrice	
Date de naissance :	9.8/63	
Lieu de naissance :	Salon de Provence	
N° de Sécurité Sociale :	1630813104022-28	

Formation :	☐ Certificat d'études	☐ IUT
	☐ BEP	☒ Bac + 2
	☐ CAP	☐ Bac + 4
	☐ Bac professionnel	☐ École de commerce
	☐ Bac classique	☐ École d'ingénieur

Permis de conduire :	☐ Permis A	☐ Permis C
	☒ Permis B	☐ Permis D

Vous pouvez créer un document directement en HTML, avec arrière-plan, puces graphiques... et insérer des liens vers des pages Web...

Vous pouvez insérer des images et des cliparts facilement.

Votre page Web peut contenir plusieurs cadres, par exemple un cadre table des matières.

CAS 10 : PAGES WEB

Un document au format HTML (une page Web) a la particularité de pouvoir être lu avec n'importe quel navigateur Web. C'est le format utilisé sur le Web, ainsi que sur les réseaux intranet. Un document Word peut être enregistré au format HTML, mais le code HTML généré par Word est lourd. Vous réaliserez facilement une maquette HTML avec Word, mais il sera préférable de reconstruire les pages avec un éditeur spécialisé HTML pour les mettre en exploitation.

Créez une page HTML

Vous allez utiliser le texte d'un document Word nommé `Startup.docx`, puis l'agrémenter de divers éléments adaptés aux pages Web et l'enregistrer au format HTML.

- Ouvrez un nouveau document, passez en affichage Web, enregistrez-le au format *Page Web filtrée (*.htm,*.html)* sous le nom `kooskoos.htm`.

Un message vous avertit que les balises propres à Office Word 2007 seront supprimées pour alléger le code HTML (filtrage), cliquez sur [Oui] pour enregistrer.

- Insérez le texte du fichier `Startup.docx` : sous l'onglet **Insertion**>groupe **Texte** cliquez sur la **flèche** du bouton **Objet**, puis sur la commande Texte d'un fichier..., sélectionnez le fichier `Startup.docx` dans le dossier `C:\Exercices Word 2010`, cliquez sur [Insérer].

Définissez une couleur d'arrière-plan

- Sous l'onglet **Mise en page**>groupe **Arrière-plan de page** cliquez sur le bouton **Couleur de page**, amenez le pointeur devant une couleur sans cliquer, vous voyez l'effet immédiatement sur le document.
- Au lieu d'une couleur, vous allez appliquer une texture : cliquez sur la commande Motifs et textures... puis sur l'onglet **Texture**, puis cliquez sur la vignette parchemin (3e vignette de la 4e rangée), puis cliquez sur [OK].
- Modifiez les styles :
  - *Titre 1* : police de taille `18`, paragraphe centré, espace avant et après de `30` pt.
  - *Titre 2* : police de taille `14`, paragraphe centré, espace avant et après de `15` pt.

Placez des puces graphiques

- Sélectionnez les deux premiers paragraphes, puis sous l'onglet **Accueil**>groupe **Paragraphe** cliquez sur la flèche du bouton **Puces**, puis sur la commande Définir une puce..., puis sur [Image], puis sélectionnez la 2e puce de la 8e rangée, cliquez sur [OK], validez par [OK].

Insérez des barres graphiques horizontales

- Cliquez devant le paragraphe qui suit le premier sous-titre de style *Titre 2*.
- Insérez une barre graphique horizontale : sous l'onglet **Accueil**>groupe **Paragraphe**, cliquez sur la **flèche** du bouton **Bordures**, puis sur la commande Bordure et trame…, dans le dialogue cliquez sur [Ligne horizontale…], double-cliquez sur la 1re vignette de la 3e rangée. La barre horizontale graphique est un paragraphe contenant cette barre graphique qui s'insère à l'endroit du point d'insertion, donc dans notre cas, sous le sous-titre.
- Insérez la même barre graphique horizontale sous les autres sous-titres de style *Titre 2*.
  Vous pourrez cliquer sur la **flèche** du bouton **Bordures** puis sur la commande Ligne horizontale qui insérera une barre graphique identique à la précédente.

- Enregistrez le document.

Insérez un clipart animé

Afin d'égayer le document, nous allons insérer une image animée à partir de la bibliothèque multimédia (collection d'images livrée avec Office). L'animation de l'image ne sera visible que lorsque le document sera affiché dans un navigateur Web.

- Appuyez sur `Ctrl`+`⌧` pour placer le point d'insertion au début du document, devant le titre. Insérez un paragraphe vide, cliquez dans ce paragraphe, appliquez-lui le style *Normal*, puis centrez-le.
- Insérez une image clipart : sous l'onglet **Insertion**>groupe **Illustrations**, cliquez sur le bouton **Images clipart**, ce qui ouvre le volet *Images clipart* sur la droite de la fenêtre Word ; saisissez `animation web` dans la zone <Rechercher>.
- La liste des cliparts correspondant à ces mots-clés s'affiche, double-cliquez sur celui ❶ que vous allez insérer dans le document. Le clipart est inséré dans le paragraphe.
- Enregistrez le document, fermez le document.

Affichez la page Web avec votre navigateur

- Ouvrez votre explorateur de documents Windows, sélectionnez le dossier `C:\Exercices Word 2010`, double-cliquez sur le nom de fichier `kooskoos.htm`.
- La fenêtre de votre navigateur s'ouvre et affiche la page Web. Le clipart s'anime.
- Cliquez droit dans la page Web puis sur la commande contextuelle Afficher la source…
  Le code s'affiche dans un fichier Bloc-notes.
- Fermez la fenêtre Bloc-notes et la fenêtre de votre navigateur.

CAS 10 : PAGES WEB

Insérez un lien vers une page Web

Un lien hypertexte donne un accès immédiat à un autre emplacement dans le document ou à un autre document, ou bien à une page Web ou une adresse e-mail. Un lien hypertexte apparaît dans le document sous la forme d'un texte de couleur bleue et souligné.

- Ouvrez le fichier `kooskoos.htm`, Word détecte qu'il s'agit d'un fichier HTML et vous demande confirmation, cliquez sur [OK].
- Allez à la fin du document en appuyant sur `Ctrl`+`Fin`, sélectionnez le texte `Pour consulter notre site Web`, puis sous l'onglet **Insertion**>Groupe **Liens** cliquez sur le bouton **Lien hypertexte**.
- Dans le dialogue *Insérer un lien hypertexte*, cliquez sur l'icône *Fichier ou page Web existant(e)* ❶, dans la zone <Texte à afficher> : le texte sélectionné est inscrit, dans la zone <Adresse> : saisissez l'adresse Web par exemple `www.tsoft.fr`.

- Cliquez sur [OK] pour insérer le lien.

Insérez un lien vers une adresse de messagerie

Afin de donner au lecteur du document la possibilité d'envoyer rapidement un e-mail à l'auteur du document, nous allons créer à la fin du document un lien vers une adresse de messagerie.

- À la fin du document, sélectionnez le texte `Pour nous contacter par e-mail`, ouvrez le dialogue *Insérer un lien hypertexte* (comme précédemment), et cliquez sur l'icône *Adresse de messagerie* ❷.
- Dans la zone <Lier à> : cliquez sur l'icône *Adresse de messagerie*, dans la zone <Adresse de messagerie> : saisissez l'adresse `lecteur@tsoft.fr`, dans la zone <Objet> : saisissez `Demande d'information`, cliquez sur [OK].

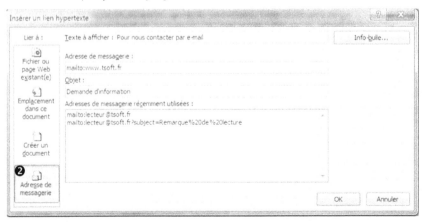

CAS 10 : PAGES WEB

Insérez un lien vers un emplacement dans le document

Pour faciliter les déplacements au sein du document, vous allez créer à la fin de celui-ci un lien qui ramène au début du document.

- Appuyez sur ⌜Ctrl⌝+⌜Fin⌝ pour aller à la fin du document, puis sous l'onglet **Insertion**>Groupe **Liens**, cliquez sur le bouton **Lien hypertexte**.
- Dans la zone <Lier à> : cliquez sur l'icône *Emplacement dans ce document*, puis dans la zone <Sélectionner un emplacement dans ce document> : cliquez sur *Haut du document* (vous pouvez aussi choisir un titre ou un signet défini dans le document).

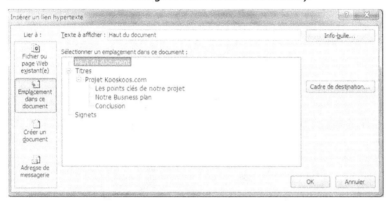

- Cliquez sur [OK] pour insérer le lien.
- Enregistrez le document et fermez-le.

Vérifiez le résultat dans un navigateur Web

- Ouvrez votre navigateur Web, puis appuyez sur ⌜Ctrl⌝+O (raccourci pour ouvrir un fichier), Cliquez sur [Parcourir], sélectionnez le dossier C:\Exercices Word 2010 puis double-cliquez sur le nom de fichier kooskoos.htm, validez par [OK].
- Faites défiler la page Web et cliquez sur les liens en fin de page pour les voir fonctionner.
- Lorsque vous avez fini vos tests, fermez la fenêtre de votre navigateur.

Ajoutez un bouton Cadre à la barre d'outils Accès rapide

Une page Web peut contenir plusieurs cadres. Chaque cadre contient ses propres informations, peut posséder sa barre de défilement et peut être redimensionné. Un document Word 2010 peut aussi contenir plusieurs cadres, c'est ce que vous allez expérimenter.

Word dispose de commandes permettant de créer ou de supprimer des cadres, et notamment de créer un cadre contenant une table des matières, cependant ces commandes ne sont pas installées ni sur le Ruban ni sur la barre d'outils *Accès rapide*. Vous pouvez les ajouter :

- Cliquez sur la flèche déroulante de la barre d'outils *Accès rapide*, puis sur Autres commandes...
- Dans la zone liste déroulante <Choisir les commandes dans les catégories suivantes> : sélectionnez *Toutes les commandes*.
- Dans la liste des commandes, sélectionnez *Cadres* ▶, puis cliquez sur [Ajouter], puis de la même façon ajoutez les commandes *Nouveau cadre à gauche* et *Supprimer le cadre*.
- Cliquez sur [OK] pour valider et fermer le dialogue.

Créez des cadres dans le document html

Il est utile de créer un cadre table des matières pour naviguer dans un document html.

- Cliquez sur le bouton *Cadres* que vous avez ajouté sur la barre d'outils *Accès rapide*, puis sur la commande Table des matières dans un cadre.

- Notez que le nom du document est devenu DocumentN (N étant un numéro de séquence), il s'agit d'un nouveau document contenant les cadres.
- Cliquez dans le cadre de gauche, définissez une couleur de page avec texture *Parchemin*, élargissez le cadre en faisant glisser le bord droit vers la droite.

- Enregistrez le cadre table des matières : cliquez droit dans le premier paragraphe du cadre, puis sur la commande Enregistrer le cadre en cours ..., sélectionnez le format *Page Web filtrée (*.htm,*.html)*, nommez le document kooskoos-tm.docx.
- Enregistrez le DocumentN, au format *Page Web filtrée (*.htm,*.html)* sous le nom Grandkooskoos.docx.
- Fermez le document et dans votre navigateur Web ouvrez le fichier GranKoosKoos.htm. Vous pouvez naviguer dans la page en cliquant sur les liens du cadre table des matières.
- Fermez la fenêtre du navigateur html.

Quels fichiers htm ont été créés ?

- Ouvrez le dossier C:\Exercices Word 2010 dans votre explorateur de documents Windows.
- Repérez les fichiers créés : Grandkooskoos.htm, kooskoos-tm.htm, kooskoos.html et le dossier et kooskoos_fichiers pour les images.

Le relecteur vous ayant retourné le fichier qu'il a modifié, vous le comparez à votre version d'origine. Les modifications sont mises en évidence.

Vous acceptez ou refusez les changements qui ont été faits par le relecteur.

Vous pouvez combiner les révisions de plusieurs relecteurs.

En plus des modifications, le relecteur peut inclure des commentaires.

CAS 11 : COLLABORER À UN DOCUMENT

Fonctions utilisées

– *Envoyer le document par messagerie*
– *Suivi des modifications*
– *Accepter ou refuser les modifications*

– *Comparer des documents*
– *Combiner les révisions d'auteurs*
– *Utiliser les commentaires*

20 mn

Plusieurs personnes peuvent intervenir pour mettre au point un même document. Word permet de marquer les modifications apportées par chaque personne, ces modifications peuvent ensuite être acceptées ou rejetées.

Pour expérimenter correctement le suivi des modifications, vous réaliserez ce cas pratique en collaboration avec d'autres personnes, vous échangerez fictivement le document. Par convention dans ce cas pratique, XXX, YYY et ZZZ représentent les initiales des autres personnes, JPM sont vos initiales. Vous jouerez tour à tour le rôle des différentes personnes.

Envoyez un document par messagerie

Il est pratique d'envoyer un document par messagerie. Pour l'exercice, vous allez vous envoyer à vous-même un document.

- Ouvrez le document `Betisier.docx`, dans le dossier `C:\Exercices Word 2010`. Cliquez sur l'onglet **Fichier** puis sur **Enregistrer et envoyer** ; puis, dans le panneau central, cliquez sur l'icône *Envoyer à l'aide de la messagerie* ; enfin, dans le panneau de droite, cliquez sur l'icône *Envoyer en tant que pièce jointe*.

- Spécifiez l'adresse e-mail du destinataire (la vôtre pour cet exercice), tapez un objet : `Pour relecture`, saisissez le corps du message, cliquez sur le bouton *Envoyer*.

Transmettez une copie du document avec suivi des modifications

Vous voulez faire relire votre document par une autre personne (XXX). Transmettez-lui une copie du document, avec l'activation du suivi des modifications.

- Ouvrez le fichier `Betisier.docx`, renommez le document en `Betisier-XXX.docx`.
- Activez le suivi des modifications : sous l'onglet **Révision**>groupe **Suivi**, cliquez sur le bouton *Suivi des modifications*, le bouton apparaît surligné lorsqu'il est activé. Un indicateur sur la barre d'état indique Suivi de modification : Activé.
- Empêchez l'autre personne de désactiver le suivi des modifications : Sous l'onglet **Révision**> groupe **Protéger**, cliquez sur le bouton **Protéger un document**, le volet *Restreindre la mise en forme et la modification* s'ouvre à droite de la fenêtre.
- Cochez la case <☑ Autoriser uniquement ce type de modification dans le document>, sélectionnez *Marques de révision*, puis cliquez sur [Activez la protection] ; dans le dialogue *Activer la protection*, cliquez sur [OK] sans entrer de mot de passe (pour éviter tout risque d'oubli).
- Enregistrez le document et transmettez ce fichier au correcteur XXX.

CAS 11 : COLLABORER À UN DOCUMENT

En tant que correcteur modifiez le document avec suivi des modifications

Vous allez jouer le rôle du correcteur xxx, vous avez reçu le document `Betisier-XXX.docx`. Pour jouer le rôle du correcteur xxx, modifiez votre nom et vos initiales dans les options Word :

- Onglet **Révision**>groupe **Suivi**, cliquez sur la **flèche** du bouton **Suivi des modifications**, puis sur Changer le nom d'utilisateur... qui affiche les options standards de Word : dans la partie droite du menu spécifiez le nom `Xavier XX` et les initiales `XXX`, validez par [OK].

- Ouvrez le document `Betisier-XXX.docx`. Le *Suivi des modifications* est activé (vérifiez l'indicateur sur la barre d'état) et ne peut être désactivé qu'en connaissant le mot de passe.

Lorsque vous travaillez avec le *Suivi des modifications* : les modifications que vous apportez sont mises en évidence à l'aide de marques de révision qui s'affichent dans le texte ou dans des bulles. Toute modification est signalée dans la marge gauche par un trait vertical.

Effectuez des modifications avec le *Suivi des modifications*.

- Insérez un paragraphe vide sous le titre, puis saisissez le sous-titre suivant : `Une sélection de petites phrases puisées dans des rapports de Gendarmerie.`
- Mettez en forme le sous-titre : Gras, Italique, Centré, Espace Après 20 pt.
- Mettez en forme le titre principal : Gras, Centré, Espace Après 20 pt.
- Supprimez la quatrième et la dernière citation, car elles ne vous amusent pas.
- Ajoutez une nouvelle phrase à la fin : `Le contrevenant n'arrêtait pas de m'appeler ironiquement Monsieur, c'est pourquoi je lui ai dressé un procès-verbal pour insulte à agent des forces de l'ordre.`
- Enregistrez le document, puis fermez-le et transmettez le document au rédacteur JPM.

En tant que rédacteur, acceptez ou refusez les modifications

Vous allez maintenant jouer le rôle de l'auteur rédacteur JPM. Vous avez reçu le fichier `Betisier-XXX.docx` révisé par le correcteur xxx.

- Commencez donc par redéfinir votre nom et vos initiales, `Jean-Pierre MARTIN`/`JPM`.
- Ouvrez le fichier `Betisier-XXX.docx`, puis enregistrez-le sous le nom `Betisier-revXXX`.

Amenez le pointeur sur une marque de révision, une info bulle s'affiche avec le nom du correcteur et la date de la révision. Tapez Echap pour la faire disparaître. Amenez le pointeur sur une autre...

- Désactivez la protection : sous l'onglet **Révision**>groupe **Protéger**, cliquez sur **Restreindre la modification** ; dans le volet *Restreindre la mise en forme et la modification*, cliquez sur le bouton [Désactiver la protection], le suivi des modifications est alors désactivé automatiquement.

CAS 11 : COLLABORER À UN DOCUMENT

- Acceptez l'ajout du texte du sous-titre : cliquez sur le sous-titre, puis sur le bouton **Accepter**.
- Acceptez les modifications de mise en forme des titres : cliquez sur chaque bulle *Mise en forme* du titre et du sous-titre, puis cliquez sur **Accepter**.
- Passez en revue toutes les marques de révision restantes : cliquez au début du document puis cliquez sur **Modification suivante** pour sélectionner la marque de révision suivante, puis cliquez sur la **flèche** du bouton **Accepter**, puis sur Accepter et passer au suivant ; pour le suivant, cliquez sur la **flèche** du bouton **Refuser** puis sur Refuser et passer au suivant ; pour le suivant, cliquez sur **Accepter**.
- Un message vous informe qu'il n'y a plus de marque de révision, cliquez sur [OK].
- Enregistrez le fichier `Betisier-RevXXX.docx` puis fermez le document.

Vous pouvez accepter toutes les révisions d'un seul coup, mettez cela en pratique :

- Ouvrez le document `Betisier-XXX.docx`, désactivez la protection (comme précédemment).
- Cliquez sur la **flèche** du bouton **Accepter**, puis sur Accepter toutes les modifications dans le document.
- Enregistrez le document `Betisier-XXX.docx`.

En tant que rédacteur, reconstituez les marques de révision d'une copie modifiée

Supposez que vous ayez transmis votre document à un autre relecteur YYY, en oubliant d'activer le suivi des modifications. Le relecteur vous a transmis le fichier modifié. Vous pouvez reconstituer les marques de révision des modifications effectuées par YYY dans le fichier `Betiser-YYY.docx`.

- Onglet **Révision**>groupe **Comparer**, cliquez sur le bouton **Comparer** puis sur la commande Comparer..., ❶ sélectionnez `Betisier.docx`, ❷ sélectionnez `Betisier-YYY.docx`, puis au-dessous saisissez YYY les initiales du correcteur et cliquez sur [OK].

La comparaison reconstitue les marques de révision dans un nouveau document nommé initialement `Comparer des résultats N`.

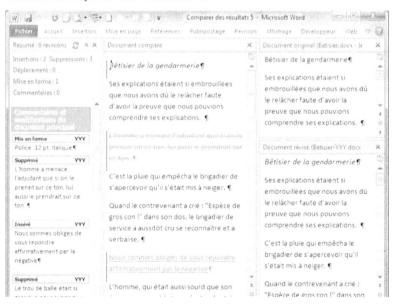

- Cliquez dans le volet *Document comparé* et enregistrez ce document sous le nom Betisier-YYY.docx, en remplaçant le fichier existant.

En tant que rédacteur, combinez les marques de révision de plusieurs correcteurs

Vous voulez combiner les révisions des deux relecteurs XXX et YYY. Or, vous avez précédemment accepté toutes les révisions dans le document Betisier-XXX, puis vous l'avez enregistré. Il ne contient donc plus les marques de révision. Vous pouvez les reconstituer en comparant la version modifiée Betisier-XXX à la version originale Betisier.

- Procédez comme précédemment pour reconstituer les marques de révision de XXX en comparant Betisier et Betisier-XXX et en enregistrant le résultat dans Betisier-XXX, en écrasant le fichier précédent de même nom.

Combinez maintenant les marques de révision de Betisier-XXX et Betisier-YYY.

- Commencez par combiner les documents Betisier.docx et Betiser-XXX.docx : onglet **Révision**>groupe **Comparer**, cliquez sur le bouton **Comparer** puis sur la commande Combiner... (les icônes ✎ servent à parcourir les dossiers).

En ❶ sélectionnez le document original Betisier.docx, en ❷ sélectionnez le document révisé par XXX, Betisier-XXX.docx ; si la comparaison des documents détecte des modifications non marquées, spécifiez un nom de relecteur ici Inconnu.

- Cliquez sur [OK].

- Lorsque des marques de révision de mise en forme sur les mêmes éléments existent dans les deux documents, Word ne peut conserver que celles qui proviennent d'un des deux : indiquez lequel, puis cliquez sur [Exécuter la fusion].

Un nouveau document combiné est créé avec le nom provisoire Combiner des résultats N (N est un numéro de séquence), il contient le texte original avec les marques de révision de XXX, combiné avec les marques de révision de YYY.

- Enregistrez le document sous le nom Betisier-XY.docx.
- Dans la fenêtre de combinaison, fermez les volets *Vérifications* sur la gauche, et *Document original* et *Document révisé* sur la droite en cliquant sur leur case de fermeture.
- Vérifiez que vous retrouvez dans ce document toutes les marques de révision des correcteurs XXX et YYY, en amenant le pointeur sur les marques de révision.

CAS 11 : COLLABORER À UN DOCUMENT

Choisissez les différents affichages du document

- Sous l'onglet **Révision**>groupe **Suivi des modifications**, cliquez sur le bouton **Afficher pour la révision**, puis cliquez sur *Final* : affiche le document modifié sans voir les marques de révision, comme si elles avaient été acceptées.

- Cliquez sur le bouton **Afficher pour la révision**, puis cliquez sur *Original* : affiche le document comme il était avant les révisions (les révisions y sont, mais invisibles ou comme si elles avaient été refusées).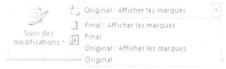

- Cliquez sur le bouton **Afficher pour la révision**, puis cliquez sur *Final avec marques* : affiche le document modifié, mais avec les marques des révisions effectuées.

- Cliquez sur le bouton **Afficher pour la révision**, puis cliquez sur *Original avec marques* : affiche le document original, mais avec les marques de révision à effectuer.

- En dernier lieu, dans notre cas, choisissez l'affichage *Final avec marques*.

Affichez sélectivement les marques de révision

Affichez les marques de certains relecteurs seulement.

- Cliquez sur le bouton **Afficher les marques** puis sur Relecteurs..., puis sur *Tous les relecteurs* pour désélectionner tous les relecteurs.

- Cliquez sur le bouton **Afficher les marques** puis sur Relecteurs..., puis sur le relecteur *XXX* pour afficher seulement les marques de xxx.

- Maintenant, affichez seulement les marques d'yyy, puis réaffichez celles de tous les relecteurs.

Affichez seulement les marques d'insertion et de suppression.

- Cliquez sur le bouton **Afficher pour la révision** puis sur *Mise en forme* pour désélectionner les marques de mise en forme.

Affichez seulement les marques de mise en forme.

- Cliquez sur le bouton **Afficher pour la révision** puis sur *Mise en forme* pour sélectionner à nouveau les marques de mise en forme.

- Cliquez sur le bouton **Afficher pour la révision** puis sur *Insertion et suppression* pour désélectionner ce type de marque.

- Après avoir visualisé le résultat, réaffichez les marques d'insertion et suppression.

Affichez les marques de révision dans des bulles ou dans le texte

C'est dans les options de suivi des modifications que l'on peut faire ce choix, mais vous pouvez simplifier l'accès à ce choix en ajoutant un bouton Bulles sur la barre d'outils Accès rapide.

- Ajoutez le bouton Bulles : cliquez sur l'onglet **Fichier** puis sur **Options** puis sur la catégorie *Barre d'outils Accès rapide*, sélectionnez *Toutes les commandes* ❶, sélectionnez *Bulles* ❷, cliquez sur [Ajouter] ❸, validez par [OK].

- Pour choisir l'utilisation des bulles : cliquez sur l'outil *Bulles* que vous avez ajouté à la barre d'outil Accès rapide. Puis choisissez : afficher tout dans les bulles, ou afficher tout dans le texte, ou afficher les commentaires et la mise en forme dans les bulles (le reste dans le texte).

CAS 11 : COLLABORER À UN DOCUMENT

Modifiez les options de suivi

- Cliquez sur la **flèche** du bouton **Suivi des modifications**, puis sur la commande Modifier les options de suivi... Repérez les paramétrages des modifications qui peuvent être suivies : les marques d'insertion et suppression, les déplacements de texte, les mises en forme, les bulles.

Insérez des commentaires

En plus des révisions, vous pouvez insérer des commentaires dans un document que vous relisez. Vous allez jouer le rôle du relecteur ZZZ.

- Ouvrez le document `Betisier-ZZZ`, consultez les marques de révisions de Zoe Zebulon.
- Changez le nom d'utilisateur `Zoe Zebulon/ZZZ` pour insérer des commentaires.
- Dans la 3e citation, cliquez après `canaille` et insérez un commentaire : sous l'onglet **Révision**>groupe **Commentaires**, cliquez sur le bouton **Nouveau commentaire** et saisissez `Les policiers ne sont pas forcément grossiers !`.
- Passez en mode *Suivi des modifications*.
- Dans la 5e phrase après `arrêté...`, insérez une fin de paragraphe.
- Désactivez le mode *Suivi des modifications*.
- Cliquez en fin de 5e phrase après `arrêté...`, puis insérez le commentaire : `Il semble que cette citation doit être séparée de la suivante.`
- Enregistrez le document.

CAS 11 : COLLABORER À UN DOCUMENT

Consultez les commentaires

- Prenez le rôle de l'auteur JPM : changez le nom d'utilisateur (Jean-Paul MARTIN/JPM).
- Ouvrez le document Betisier-ZZZ, désactivez les restrictions de modification et de mise en forme, puis enregistrez et fermez le document.
- Combinez les révisions du document Betisier-ZZZ.docx dans le document Betisier-XY.docx.
- Enregistrez le nouveau document combiné sous le nom Betisier-XYZ.docx.
- Fermez le document puis réouvrez Betisier-XYZ.docx.

- Constatez que les commentaires de ZZZ apparaissent dans des bulles.

Vous pouvez naviguer de commentaire en commentaire.

- Sous l'onglet **Révision**>groupe **Commentaires**, cliquez sur le bouton **Suivant** pour placer le point d'insertion dans le commentaire suivant, ou cliquez sur **Précédent** pour placer le point d'insertion dans le commentaire précédent.
- Lorsque vous avez pris connaissance du commentaire sélectionné, vous pouvez le supprimer : cliquez sur le bouton **Supprimer**.
- Vous pouvez passer en revue les marques de révision et les accepter, ou les refuser une à une, ensuite supprimez les commentaires.
- Enregistrez puis fermez le document.

CAS 12 : DOCUMENTS MAÎTRES

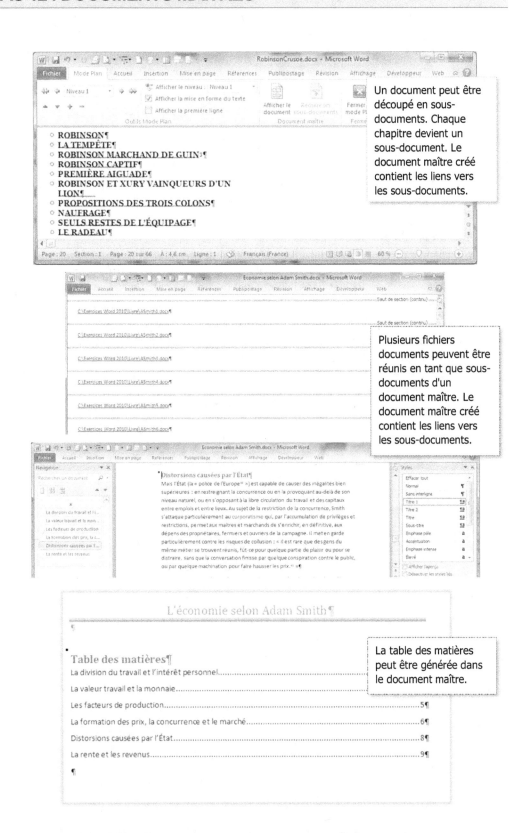

Un document peut être découpé en sous-documents. Chaque chapitre devient un sous-document. Le document maître créé contient les liens vers les sous-documents.

Plusieurs fichiers documents peuvent être réunis en tant que sous-documents d'un document maître. Le document maître créé contient les liens vers les sous-documents.

La table des matières peut être générée dans le document maître.

CAS 12 : DOCUMENTS MAÎTRES

Fonctions utilisées

- *Découper en sous-documents*
- *Styles dans un document maître*
- *Réunir dans un document maître*
- *Paginer un document maître*
- *Table des matières*
- *Imprimer un document maître*

20 mn

Lorsqu'un document est volumineux, il est pratique de le découper en sous-documents afin de travailler sur chaque sous-document séparément, tout en préservant l'intégrité de l'ensemble.

Vous allez découper un livre contenu initialement dans un seul document, en autant de sous-documents que de chapitres. Ensuite vous ferez l'inverse, en réunissant plusieurs fichiers sans les fusionner, pour constituer un livre.

Découpez un document en sous-documents

Chaque chapitre du document commence par un titre de style *Titre 1*, on se sert de ce style *Titre 1* pour découper le document en sous-documents. À chaque rencontre d'un style *Titre 1*, il y aura création d'un sous-document, et dans le document maître sera créé un lien vers le sous-document.

- Ouvrez le fichier `CasA12.docx`, et enregistrez-le sous le nom `RobinsonCrusoe` dans le dossier `C:\Exercices Word 2010\Livre` que vous allez créer.
- Passez en affichage en mode *Plan* : cliquez sur l'icône *Plan* ❶ sur la barre d'état de la fenêtre Word, un onglet **Mode Plan** apparaît sur le Ruban.
- Affichez seulement les titres de plus haut niveau (les paragraphes de style *Titre 1*) : cliquez sur la **flèche** du bouton **Afficher le niveau**, sélectionnez Niveau 1. Chaque titre et ses sous-niveaux constitueront un sous-document dans un fichier séparé.

- Sélectionnez les titres en faisant glisser le pointeur dans la zone de sélection (marge gauche) devant les paragraphes titre.
- Sous l'onglet **Mode plan**>groupe **Document maître**, cliquez sur **Afficher le document**, puis sur le bouton **Créer** qui est apparu dans le groupe **Document maître**.

Le document est transformé en document maître, les sous-documents apparaissent affichés dans un cadre pointillé avec une icône ❶ de sous-document en marge gauche.

CAS 12 : DOCUMENTS MAÎTRES

- Pour créer les fichiers sous-documents : enregistrez le document maître.
- Chaque sous-document est enregistré dans un fichier séparé, le titre sera pris comme nom du fichier sous-document. Le document initial est transformé en document maître, il contient des liens vers les sous-documents.
- Pour afficher les liens : cliquez sur le bouton **Réduire les sous-documents**.
  Les liens sont affichés à la place du contenu des sous-documents.
- Pour afficher le contenu des sous-documents à la place des liens, cliquez sur le bouton **Développer les sous-documents**.

- Fermez le document maître, et enregistrez si cela vous est demandé.

Vérifiez la présence des fichiers sous-documents

- Cliquez sur l'onglet **Fichier** puis sur **Ouvrir**, sélectionnez C:\Exercices Word 2010\Livre.

Les fichiers sous-documents ont été créés (les noms sont les titres du document initial) ; le fichier RobinsonCrusoe.docx, devenu un document maître, a sa taille réduite à 15 Ko alors que le document initial était de 48 Ko, car il contient seulement des liens vers les sous-documents.

- Ouvrez le document maître en double-cliquant sur son nom.
  Notez qu'à l'ouverture ce sont les liens qui sont affichés.
- Affichez les contenus des sous-documents à la place des liens, en cliquant sur **Développer les sous-documents**. Puis, cliquez sur l'onglet **Fichier** puis sur **Imprimer**, ou cliquez sur l'outil *Aperçu avant impression et imprimer* sur la barre d'outils *Accès rapide*. Le document maître s'affiche en aperçu comme si les contenus des sous-documents faisaient partie d'un même document.

Vous remarquez que le document maître commence par une page vierge, ce qui n'était pas le cas du document initial. La raison en est que Word a inséré un saut de section continu devant chaque lien et que le style *Titre 1* prévoit un saut de page avant le paragraphe, donc lorsque vous développez les sous-documents, un saut de page s'effectue avant le premier titre.

CAS 12 : DOCUMENTS MAÎTRES

■ Cliquez sur le bouton **Réduire les sous-documents**, puis passez en affichage *Brouillon* en cliquant sur l'icône *Brouillon* sur la barre d'état de la fenêtre Word.

■ Développez les sous-documents.

■ Cliquez sur l'onglet **Accueil** sur le Ruban, puis cliquez sur un titre. Vous constatez que le titre est mis en forme avec la police *Georgia*, il en est de même pour les paragraphes de texte.
C'est avec cette police que les styles étaient définis dans le document initial, le document maître a conservé cette mise en forme.

Ouvrez un sous-document dans une fenêtre séparée

■ Le ficher sous-document peut être ouvert dans une fenêtre séparée. Vous pouvez modifier le sous-document dans cette fenêtre : sous l'onglet **Mode plan**>groupe **Document maître**, cliquez sur le bouton **Afficher le document**, le contenu du sous-document apparaît dans un cadre grisé, double-cliquez sur l'icône de sous-document.

■ Modifiez la date du début de 1632 en 1634, enregistrez le document puis basculez dans le document maître : la modification a été prise en compte.

■ Essayez de modifier la date dans le document maître, vous constatez que cela n'est plus possible. La raison est que le sous-document étant déjà ouvert dans une fenêtre séparée, le sous-document est verrouillé dans le document maître comme le signale une icône de verrou sous l'icône de sous-document.

■ Basculez dans la fenêtre sous-document séparée et fermez le document, puis basculez dans la fenêtre du document maître. L'icône du verrou n'est plus là, vous pouvez maintenant modifier le texte du sous-document.

■ Modifiez la date du début de 1634 en 1636, puis double-cliquez sur l'icône de sous-document : le sous–document s'affiche dans une fenêtre séparée avec la date 1636. Une modification faite dans le document maître a été immédiatement enregistrée dans le fichier sous-document.

■ Fermez la fenêtre du sous-document, enregistrez et fermez le document maître.

CAS 12 : DOCUMENTS MAÎTRES

- Vous pouvez ouvrir un fichier sous-document et le modifier directement : ouvrez le fichier `ROBINSON.docx`, remettez la date à `1632`, puis fermez le document en enregistrant.

Comment interagissent les styles entre sous-document et document maître

Lorsque vous modifiez un style dans un sous-document, cette modification n'est pas reprise dans le style de même nom du document maître. Alors que si vous appliquez une mise en forme directement sur du texte dans le sous-document, cette mise en forme est reprise dans l'affichage document maître.

- Ouvrez le fichier `NAUFRAGE.docx`, modifiez le style *Titre 1* en spécifiant une police *Arial*, puis dans la deuxième ligne du texte mettez en gras `côte de guinée`, puis fermez le document en enregistrant.
- Ouvrez le document maître, développez les sous-documents, affichez le volet de navigation (onglet **Affichage**<groupe **Afficher**), puis dans le volet de navigation sur le titre `NAUFRAGE`. Constatez que la police de ce titre dans le document maître n'est pas *Arial*, mais qu'en revanche les caractères mis en gras directement dans le sous-document apparaissent aussi en gras dans l'affichage du document maître.

Inversement, si vous modifiez un style dans le document maître, il n'est pas modifié dans les sous-documents, alors qu'une mise en forme directe dans le sous-document via le document maître est reproduite dans le sous-document.

Assemblez des sous-documents dans un document maître

Vous allez maintenant constituer un document maître pour assembler en tant que sous-documents plusieurs fichiers documents existants. La mise en page dans le document maître sera plus aisée si les sous-documents et le document maître utilisent tous la même feuille de styles et ont tous la même mise en page.

En effet lorsque vous insérez un sous-document, Word ajoute après un « Saut de section(continu) », et si la mise en page est différente dans le document maître, le « Saut de section(continu) » provoquera un saut de page non désiré.

Word ajoute également un saut de section avant le sous-document que vous insérez, « Saut de section(nouvelle page) », ou « Saut de section(continu) »... selon que la première section du sous-document est définie avec <Début de section> =*Nouvelle page* ou *Continu*...

Dans notre cas, les sous-documents existent sous les noms de fichiers `ASmith1.docx`, `ASmith2.docx`... déplacez ces fichiers dans le sous-dossier `C:\Exercices Word 2010\Livre`.

- Créez un nouveau document basé sur le modèle par défaut `Normal.dotm`, sachant que les sous-documents sont aussi créés selon le modèle par défaut.
- Sous l'onglet **Mode plan**>groupe **Document maître**, cliquez sur **Afficher le document**.
- Dans le groupe **Document maître**, cliquez sur le bouton **Insérer**, sélectionnez le dossier `C:\Exercices Word 2010\Livre` puis double-cliquez sur le nom du fichier `ASmith1.docx`.
- Word détecte un style utilisé de même nom dans le sous-document et le document maître (le style *Titre 1*), il propose de mémoriser la mise en forme du style du sous-document sous un autre nom de style : ce n'est pas utile pour ici, cliquez sur [Non pour tout], un lien vers le fichier *ASmith1.docx* est inséré dans le document maître, le contenu du fichier sous-document s'affiche dans le document maître.
- Répétez l'étape précédente pour insérer des liens successivement vers les autres sous-documents : `ASmith2.docx, ASmith3.docx`...à `ASmith6.docx`.
- Enregistrez le document maître sous le nom `Economie selon Adam Smith`, dans le dossier `C:\Exercices Word 2010\Livre`.

- Cliquez sur le bouton **Réduire les sous-documents** afin de voir les liens à la place du contenu des sous-documents, puis passez en affichage *Brouillon* pour visualiser les sauts de section qui ont été insérés par Word avant chaque lien vers un sous-document.
- Passez en affichage *Plan* et affichez le volet *navigation* et développez les sous-documents.
- Dans le volet navigation, cliquez sur un titre pour voir s'afficher le contenu, le titre et le texte qui suit dans la fenêtre.

- Faites apparaître la fenêtre des styles puis modifiez le style *Titre 1*, par exemple avec la police *Bradley Hand ITC* en taille 18 et en gras.
- Constatez que le style est modifié pour tous les titres dans le document maître, mais pas dans les sous-documents lorsque vous les éditez dans une fenêtre séparée.

Les styles peuvent donc être modifiés dans le document maître, sans que la présentation par les styles des sous-documents en soit affectée.

Insérez une pagination dans le pied de page du document maître

- Onglet **Insertion**>groupe **En-tête et pied de page**, cliquez sur le bouton **Pied de page**, dans la galerie sélectionnez la vignette *Classique*.
- Passez en mode *Aperçu avant impression et imprimer*.

Vous constatez que le pied de page s'inscrit sur toutes les pages du document maître.

- Modifiez la mise en page pour que le pied de page soit positionné à 2 cm au-dessus du bord bas de la feuille sur toutes les pages : sélectionnez toutes les sections du document maître puis, sous l'onglet **Mise en page**, cliquez sur le **lanceur** du groupe, puis sous l'onglet Disposition dans la zone <A partir du bord : Pied de page> : spécifiez 2 cm.
- Repassez en affichage *Page*.
- Onglet **Insertion**>groupe **En-tête et pied de page**, cliquez sur le bouton **En-tête**, dans la galerie sélectionnez la vignette *Alphabet*, l'en-tête s'inscrit avec un contrôle texte. Cliquez sur le contrôle texte et saisissez L'économie selon Adam Smith.
- Passez en *Aperçu avant impression et imprimez* puis repassez en affichage *Page*.
- Fermez le document maître en l'enregistrant.

L'en-tête et le pied de page du document maître ne s'inscrivent pas dans les sous-documents. Mais la mise en page définie dans les sections du document maître s'est appliquée aussi aux sous-documents correspondant à ces sections.

Table des matières du document maître

Vous allez ajouter une table des matières en début de document maître.

- Ouvrez le fichier Economie selon Adam Smith.docx. Placez le point d'insertion au début du document avant le premier saut de section.
- Sous l'onglet **Référence**>groupe **Table des matières**, cliquez sur le bouton **Table des matières**, puis dans la galerie : sélectionnez la vignette *Table automatique 2*.

CAS 12 : DOCUMENTS MAÎTRES

Vous allez changer la présentation de la table des matières.

■ Sélectionnez le paragraphe `Table des matières`, définissez un espace avant et après de 50 pt, centrez, définissez la police de taille 18.

■ Cliquez sur une entrée de table des matières, définissez un espace avant de 20 pt, vous constatez que toutes les entrées s'espacent de 20 pt, car le style *TM 1* est paramétré pour être mise à jour automatiquement.

Différenciez la mise en page des pages paires et impaires

Vous allez définir une mise en page différente sur les pages paires et impaires.

■ Onglet **Mise en page**, cliquez sur le **lanceur** du groupe **Mise en page**, puis sous l'onglet **Marges** dans la zone <Afficher plusieurs pages> : sélectionnez *Pages en vis-à-vis*, et dans la zone <Reliure> : spécifiez 1 cm, dans la zone <Appliquer à> : sélectionnez *À tout le document*, cliquez sur [OK].

Vous devez alors redéfinir l'en-tête sur les pages paires.

■ Double-cliquez sur l'en-tête, sur une page impaire, sélectionnez tout le contenu de l'en-tête et copiez-le dans le *Presse-papiers*.

■ Faites défiler le document jusqu'à la page suivante (paire), collez le contenu du Presse-papiers, puis supprimez le dernier paragraphe vide.

■ Passez en *Aperçu avant impression* pour vérifier que l'en-tête est bien sur toutes les pages.

Vous devez aussi redéfinir le pied de page sur les pages paires.

■ Repassez en affichage *Page*, double-cliquez sur le pied de page, sur une page impaire, sélectionnez le contenu du pied de page (utiliser la fonction sélection d'un tableau) et copiez le dans le Presse-papiers, puis faites défiler le document jusque sur une page paire, cliquez dans le pied de page encore vide et collez le contenu du Presse-papiers.

■ Passez en *Aperçu avant impression* pour vérifier que l'en-tête est bien sur toutes les pages.

Définissez un alignement différent des en-têtes de pages paires et impaires.

■ Repassez en affichage *Page*, double-cliquez sur le pied de page sur une page impaire et alignez à droite, faites défiler le document jusque sur une page paire, cliquez sur l'en-tête et alignez-le à gauche.

■ Repassez en affichage *Page*.

Imprimez les pages recto verso

- Cliquez sur l'onglet **Fichier** puis sur **Imprimer** qui affiche le dialogue *Imprimer* ; dans la zone <Imprimer> située au bas de l'écran : sélectionnez *Pages impaires*, puis lancez l'impression en cliquant sur [OK].
- Lorsque les pages recto (impaires) ont été imprimées, replacez les feuilles dans le bac d'imprimante de façon que le côté verso (non encore imprimé) soit placé du bon côté pour être imprimé, et dans le bon ordre. En principe, vous devrez remettre les pages en ordre inverse.
- Cliquez sur l'onglet **Fichier** puis sur **Imprimer** qui affiche le dialogue *Imprimer*, dans la zone <Imprimer> située au bas de l'écran : sélectionnez *Pages paires*, puis lancez l'impression en cliquant sur [OK].

Plutôt que de procéder de la façon précédente, vous pouvez aussi cocher simplement dans le dialogue *Imprimer* l'option <☑ Recto verso manuel>. Word propose automatiquement de replacer les feuilles dans l'autre sens après avoir imprimé les rectos.

Index

www.ingramcontent.com/pod-product-compliance
Lightning Source LLC
LaVergne TN
LVHW062316060326
832902LV00013B/2246